KB190331

대방광불화엄경 실마리

무비 스님의 서문으로 보는 화엄경

대방광불화엄경 실마리

무비 스님의
서문으로 보는 화엄경

여천 무비 如天 無比

담앤북스

서문

통현通玄 장자께서는 『화엄론』의 사구게에서,

"부처님이란 중생들의 마음속 부처님이니

자신들의 근기를 따를 뿐 다른 물건이 아니다.

일체 모든 부처님의 근원을 알고자 한다면

자신의 번뇌무명이 본래 부처님임을 깨달으라."

불 시 중 생 심 리 불
佛是衆生心裡佛

수 자 근 감 무 이 물
隨自根堪無異物

욕 지 일 체 제 불 원
欲知一切諸佛源

오 자 무 명 본 시 불
悟自無明本是佛

라고 하였습니다.

그러므로 부처님의 경지를 알려면 반드시 화엄경을 읽어야 하고, 불교를 알려면 또한 반드시 화엄경을 알아야 합니다. 화엄경을 읽지 않고 어찌 부처님을 말하며, 화엄경을 읽지 않고 어찌 불교를 말하겠습니까.

81권의 방대한 화엄경을 강설하면서 매 권마다 그 뜻을 축약하여 서문에 담았는데 책이 다 나오기도 전에 그 서문만을 모아서 한 권의 화엄경으로 만들었으면 하는 의견이 나오더니 드디어 그 원을 실현하고자 앞장서는 이가 있어서 이렇게 빛을 보게 되었습니다. 많은 사람들의 마음속에 서린 서원으로 이와 같이 빛을 보게 한 그 마음에 함께 환희용약하며 간단한 서문에 갈음합니다.

2019년 7월 31일
신라 화엄종찰 금정산 범어사
如天 無比

목차

八會   부처님께서 3회 보광명전에서 설하신 여덟 번째 설법

九會   부처님께서 급고독원에서 설하신 아홉 번째 설법

별행본

初會

부처님께서
보리도량에서 설하신
첫 번째 설법

대방광불화엄경 강설 제1권

一. 세주묘엄품世主妙嚴品 1

보이는 것이나 보이지 않는 것이나
모두가 부처님의 법신이요,
들리는 소리나 들리지 않는 소리나
모두가 부처님의 설법입니다.

싯다르타 태자는 젊은 시절에 왕궁을 버리고 출가出家하여
6년간 수많은 스승들을 찾아다니면서 숱한 고행苦行을 하였
습니다. 고행을 하시다가 마지막으로 부다가야 보리수나무
밑에 앉아서 7일간 바른 선정에 들었습니다. 그러고는 비로
소 정각正覺을 이루었습니다. 싯다르타 태자가 정각을 이루시

어 드디어 여래如來 응공불세존應供佛世尊이 되시어 그 자리에 앉으신 채로 21일간 자신이 깨달은 진리를 80권이나 되는 방대한 내용으로 남김없이 설파하셨으니, 이것이 곧 화엄경華嚴經이며 불교의 첫 출발입니다. 그러므로 화엄경은 불교의 수많은 경전 가운데 최초로 설해진 경전이며, 자신이 깨달은 진리의 내용을 추호의 방편도 사용하지 않고 그대로 드러내 보이신 가르침이며, 인류가 남긴 최고의 걸작입니다.

다행히 이와 같은 위대한 가르침을 만나서 몸과 마음을 다해 공부할 수 있는 인연이 되었습니다. 이 소중한 화엄경 공부의 인연을 많은 법우法友님들과 함께하고자 하나하나 천착穿鑿하며 강설講說을 집필하게 되었습니다. 실로 화엄경 공부는 금세기 최고의 축제祝祭며, 누구에게나 인생 일대에 참으로 크나큰 행복이요 더없는 영광입니다. 부디 이 아름답고 복된 인연에 동참하시어 인생으로 태어난 보람을 한껏 누리시기를 권선勸善하는 바입니다.

나무대방광불화엄경

나무대방광불화엄경

나무대방광불화엄경

대방광불화엄경 강설 제2권

一. 세주묘엄품世主妙嚴品 2

"가고 오는 것은 끝없이 계속되지만 움직임과 고요함은 그 근원이 하나다."라고 하였습니다. 그래서 계절은 춘하추동 사시절로 변화하여 시방세계를 아름답게 수놓고 우리들 인생은 생로병사로 순환하여 그 실상을 여실히 드러내 보입니다.

세주묘엄世主妙嚴이란 눈앞에 펼쳐진 두두물물이 모두가 하나같이 세상의 주인으로서 아름답게 장엄한 모습이라는 뜻입니다. 사람은 사람, 동물은 동물, 식물은 식물, 광물은 광물, 어느 것 하나 이 세상 주인이 아닌 존재가 있겠습니까.

하늘은 하늘, 구름은 구름, 산은 산, 물은 물, 그 또한 이 세상의 주인으로서 아름답게 장엄하지 않은 것이 무엇이겠습니까. 80권 화엄경을 강설하여 이제 두 권째에 접어들었습니다. 첫째도 둘째도 세상은 역시 아름답고 인생은 또한 경이롭습니다. 이와 같이 세상을 알고 인생을 아는 사람은 오직 그 미묘한 덕을 찬탄하고 또 찬탄할 뿐 달리 무슨 말이 필요하겠습니까. 부디 인생을 찬탄합시다. 그 존귀함을 노래합시다. 찬탄의 노래를 허공계가 다하고 중생계가 다하고 중생의 업이 다하고 중생의 번뇌가 다할 때까지 목청껏 부릅시다.

세상을 찬탄하고 인생을 찬탄하여 노래 부르는 이 아름다운 음악회에 동참하신 모든 세상의 주인님께 진실로 머리 숙여 존경합니다. 당신은 진정 아름다운 꽃으로 장엄한 성스러운 대중, 화엄성중華嚴聖衆이십니다.

대방광불화엄경 강설 제3권

一. 세주묘엄품世主妙嚴品 3

인생은 그 자체만으로도 하루하루가 최상의 축제입니다. 그 축제를 한껏 즐기고 누리는 길은 인생이 축제라는 사실을 설파하여 그 축제에 눈을 뜨게 한 화엄경을 공부하는 일입니다. 그러므로 화엄경을 읽으며 화엄경의 바다에서 마음껏 유영하다 보면 인생이라는 축제 속으로 깊이 젖어 듭니다. 즐겁고 기쁘고 환희에 넘치는 축제에 도취되어 있는데 더 이상 무엇이 필요하겠습니까. 축제를 즐깁시다. 화엄경을 공부하고 천착하면서 축제를 즐깁시다.

우리는 무수한 생명체 중에서 사람으로 태어났고 불법을 만났습니다. 거기에 더하여 인류 최고의 걸작인 화엄경을 이

렇게 만났습니다. 부디 사람으로 태어난 보람을 화엄경과
함께하시기를 바랍니다.

대방광불화엄경 강설 제4권

一. 세주묘엄품世主妙嚴品 4

지地, 수水, 화火, 풍風. 그 무엇인들 신이 아니랴. 그 무엇인들 하나님이 아니랴. 그 무엇인들 보살이 아니랴. 그 무엇인들 부처가 아니랴. 흙 없이 사람이 존재할쏘냐. 지구가 존재할쏘냐. 물 없이 사람이 존재할쏘냐. 지구가 존재할쏘냐. 불인들, 바람인들, 신 아닌 것이 어디 있으며, 보살이 아닌 것이 어디 있으랴. 사람과 동물과 곡식과 약과 숲과 산과 땅, 낱낱이 그러하여 낱낱이 신이며, 하나님이며, 불보살로 엮여서 돌아가면서 천변만화하는도다.

심지어 아수라, 가루라, 긴나라, 마후라가, 야차, 나찰에 이르기까지 일체가 그렇게 엮여서 돌아가면서 세상을 아름답게 장엄하였도다. 이것이 세주묘엄世主妙嚴, 작은 세포에서 수억만 광년 저 멀리 있는 별들까지 하나하나가 세상의 주인이 되어 참으로 아름답게 장엄하였도다.

대방광불화엄경 강설 제5권

一. 세주묘엄품世主妙嚴品 5

화엄경의 설법은 깊고도 깊으며 넓고도 넓습니다. 그 깊고 넓은 가르침인 화엄경을 저 용수龍樹보살은 열 개의 삼천대천三千大千세계 미진수의 게송偈頌과 한 사천하四天下 미진수의 품品이 있다고 하였습니다. 그러나 우리가 공부하는 이 80권 본 화엄경은 그것을 줄이고, 줄이고, 또 줄여서 간략하게 만든 축약본입니다. 축약본인데도 그 서론(序分)에 해당하는 세주묘엄품이 무려 다섯 권이며, 이제 그 다섯 권째입니다.

그동안 법회에 모인 청중들을 소개하였고, 그들 무수 억만 명을 대표한 4백여 명이 부처님의 지혜와 공덕과 자비와 원력과 신통과 교화 등등을 찬탄하는 노래를 끝없이 불렀습니다. 이것이 서론입니다. 만약 열 개의 삼천대천세계 미진 수의 게송과 한 사천하 미진수의 품을 다 가져와서 번역하 였다면 서론만으로도 아마 수천 생을 거듭거듭 태어나서 수 만 년을 공부하더라도 다하지 못할 것입니다.

설법심심說法甚深을 밝히는 내용에서 "여래의 깨달음은 한 법이거늘[如來所悟 唯是一法] 어찌하여 설법은 이와 같이 깊고 넓은가?"라고 하였습니다. "하나의 먼지 속에 시방세계가 다 들어 있고, 일체의 먼지 속에도 또한 그와 같다."라고 보는 것이 화엄경의 안목입니다. 여래의 법은 한 법입니다. 그 한 법 안에 열 개의 삼천대천세계 미진수의 게송이 다 들어 있 습니다.

"마음과 부처와 중생, 이 셋은 차별이 없다."라는 이 간단 한 하나의 열쇠로 저 은하계보다 몇 천 배 더 많은 화엄경을 열어야 할 것입니다. 이것이 모든 사람들의 진여불성과 법성 생명이 본래 저절로 갖춘 본자구족本自具足의 이치입니다. 이 와 같은 화엄경을 공부하게 된 것은 더없는 행운이며, 영광 이며, 축복이며, 지혜입니다. 꾸준히 공부하셔서 생애 최고 최대의 축제를 매일매일 누리시기를 바랍니다.

대방광불화엄경 강설 제6권

二. 여래현상품如來現相品

　무엇이 '여래가 세상에 나타나신 모습[如來現相]'이겠습니까? 모든 사람, 모든 생명, 두두물물이 이미 그대로 여래로서 그 모습을 나타낸 것입니다. 삼라만상과 천지만물은 각각의 모습대로 여래가 천백억 화신으로 나타나서 천변만화하는 작용 그 자체입니다. 이와 같이 보는 것이 바른 견해이며, 이와 다르게 보는 것은 삿된 견해입니다.

　그러나 스스로 여래임을 알지 못하고, 느끼지 못하고, 깨닫지 못하기 때문에 못난 중생, 죄업 많은 중생으로 살아가고 있습니다. 그러므로 세존이 그와 같은 중생들을 불쌍히 여겨서 스스로 큰 허물을 안고 입을 열어 만고에 절창이며 인류사에 최고의 걸작인 화엄경을 설파하셨습니다.

일찍이 신라의 원효元曉 스님이 세존의 마음을 이어받아 천성산 화엄벌에서 화엄경을 강설하여 일천 성인을 배출하였다 하여 천성산千聖山이라 하였고, 또 의상義湘 스님은 중국의 지엄智儼 스님 문하에서 화엄경을 공부하고 돌아와서 전국에 화엄십찰華嚴十刹을 건립하고 모든 국민에게 화엄경을 가르쳐 화엄사상으로 국민들의 정신을 개도開導하였습니다. 이와 같이 화엄경이 한국 불교의 토대를 튼튼히 하여 오늘에 이르고 있습니다.

신라의 아름다운 불교 예술과 향가鄕歌를 위시한 불교 문학이 모두 화엄경에 바탕을 두고 있습니다. 고려에 와서는 균여均如 대사가 보현십원가普賢十願歌를 지어 전국 방방곡곡에서 화엄경을 노래 부르게 하였습니다. 오늘날 물질은 무한히 풍요롭고 생활은 한없이 편리해졌으나 마음은 더욱 허기져서 세상은 온통 범죄의 소굴이 되었고 생각들은 온갖 이해와 이념으로 갈등이 치열하여 하루하루의 삶이 마치 칼날을 밟는 것과 같고 가시밭을 헤매는 것과 같습니다.

한국 불교는 화엄 불교입니다. 화엄 불교란 법계에 존재하는 모든 생명체는 당연히 불보살로서 불보살연기佛菩薩緣起의 관계 속에서 아름다운 소통을 함을 그 종지宗旨로 하고 있습니다. 화엄경의 가르침을 통하여 사람 사람들이 모두 불보살연기의 관계로 소통하며 살아간다면 종교적 갈등과 이념적 갈등과 이해의 갈등으로 빚어지는 온갖 살상殺傷을 없앨 수 있을 것입니다. 또한 종교, 이념, 이해로 인해 소모되는 수많은 군사적 비용을 가난한 국가의 굶주림과 문맹과 의료를 위해 사용한다면 얼마나 아름다운 세상이 되겠습니까.

화엄경을 통하여 불보살연기로 서로 친화하고 소통하는 세상을 만들기 위해서 부족한 안목이나마 감히 화엄경 공부를 위한 강설을 집필하여 그 여섯 권째에 이르렀습니다. 모두 함께 동참하시어 부디 21세기의 새로운 화장장엄세계를 건설하는 데 일조가 되어 주시기를 바랍니다.

나무대방광불화엄경

대방광불화엄경 강설 제7권

불교의 처음이자 그 끝은 보살의 행원을 실천하는 것입니다. 보살의 행원에는 여러 가지가 있습니다. 관세음보살, 지장보살 등 수많은 보살의 행원이 있으나 가장 대표적인 것으로 보현보살의 행원을 꼽습니다. 그와 같은 보현행원의 힘은 그 근본이 무엇이겠습니까. 곧 보현삼매普賢三昧입니다.

예컨대 집을 지어도 먼저 설계가 필요하고, 작은 일을 하더라도 계획이 먼저 세워져야 합니다. 그와 같은 근본 힘은 모두 사유삼매思惟三昧에서 나옵니다. 보현보살은 위대한 삼매의 힘을 위시하여 앞으로 비로자나 부처님의 의보依報인

화장장엄세계가 성취되는 내용을 설하게 됩니다. 나아가서 장대한 여래의 화장장엄세계를 펼쳐 보입니다. 그 화장장엄 세계를, 오늘날 천체망원경으로 수백억 광년 저 멀리까지의 세계를 바라보듯 매우 구체적으로 설명합니다. 보현보살의 삼매의 능력은 그와 같습니다.

이 세상의 무량 무수한 생명체 중에서 사람의 몸을 받고 태어나기가 어려운 일이거니와 사람으로 태어났어도 불법을 만나기란 더욱 어려운 일이며, 설사 불법을 만났다 하더라도 화엄경과 같은 위대한 가르침을 만나기란 오백 생의 선근인 연이 아니면 참으로 어려운 일입니다.

화엄경이 좋아서 정신없이 천착하다 보니 한 글자 한 글자 가 아름다운 다이아몬드처럼 느껴져서 그 보석을 많은 사 람들과 함께 나누고 싶은 욕심이 더욱 커져 갑니다. 화엄경 과 인연을 함께하시는 선남선녀들께서도 이 아름다운 다이 아몬드를 세상에 한껏 뿌려 보시기를 권선합니다.

나무대방광불화엄경

대방광불화엄경 강설 제8권

五. 화장세계품華藏世界品 1

허공이 대각大覺 가운데서 생기게 된 것이

마치 바다에서 물거품이 하나 일어난 듯하고

작은 먼지같이 무수한 유루有漏 국토들[은하]이

모두 허공을 의지하여 생겼도다.

물거품이 소멸하면 허공도 본래 없거늘

하물며 다시 삼유三有가 있겠는가?

공 생 대 각 중   여 해 일 구 발
空 生 大 覺 中   如 海 一 漚 發

유 루 미 진 국   개 의 공 소 생
有 漏 微 塵 國   皆 依 空 所 生

구 멸 공 본 무   황 부 제 삼 유
漚滅空本無   況復諸三有

『능엄경』

예컨대 무한한 허공이 작은 물거품이라면 인간의 깨달은 마음은 태평양 바다입니다. 그 물거품이라는 무한한 허공에 다시 또 무수한 우주가 있는데 그중 어느 변두리에 우리가 사는 작은 우주가 있습니다. 그 작은 우주 안에 미세먼지만 한 은하계들이 있고, 다시 또 미세먼지보다 몇 억분의 1만큼이나 작은 태양계 안에 우리들의 지구가 있습니다. 그렇다면 6척 단구 나는 무엇인가? 인허진隣虛塵인가? 우주의 작은 세포인가?

보현보살은 2천6백여 년 전에 허블우주망원경이나 보이저와 같은 우주탐사선도 없이 수억만 광년의 거리를 순식간에 왕래하여 거대 우주인 화장세계를 낱낱이 확인하면서 모두 거리를 재고 생긴 모습들을 살펴 가며 이름을 붙였습니다. 대각大覺이라는 지혜의 눈과 대각이라는 우주선을 이용하여 무한한 우주를 누비고 다녔습니다.

그것의 기록이 화장장엄세계입니다. 21세기까지 발달한

천체물리학도 아직은 살펴보지 못한 우주론입니다. 깨닫지 못한 인간의 지혜는 언제쯤이나 보현보살의 우주 이론에 이르게 될는지요.

　무한의 마음 위에 무한의 우주가 건립되어 있습니다. 이제 우리들의 눈을 이 작은 모래알만 한 지구에서 지구 전체에 있는 모래 수보다도 수억만 배나 많은 화장장엄세계로 돌려서 무한의 우주 밖으로 향해야 할 것입니다. 그것이 이 화장세계품을 공부하는 방법입니다. 또한 화엄경을 읽는 우리들의 마음이 무한으로 확대되는 길입니다.

대방광불화엄경 강설 제9권

五. 화장세계품華藏世界品 2

봄에는 백화가 만발하고 가을에는 달이 밝다.

여름에는 시원한 바람 불고 겨울엔 흰 눈이 날린다.

만약 쓸데없는 일 마음속에 걸어 두지 않으면

곧 이것이 인간사의 호시절이다.

춘 유 백 화 추 유 월   하 유 양 풍 동 유 설
春有百花秋有月   夏有凉風冬有雪

약 무 한 사 괘 심 두   변 시 인 간 호 시 절
若無閑事掛心頭   便是人間好時節

화장세계는 인류가 오랜 세월 이전부터 꿈꿔 오던 이상향理想鄕입니다. 유토피아며 무하유지향無何有之鄕입니다. 이러한 화장세계는 실로 언제나 우리들 눈앞에 펼쳐져 있어서 이리 가도 화장세계, 저리 가도 화장세계, 넘어져도 화장세계, 일어나도 화장세계입니다. 달리 어디 가서 화장세계를 찾을 것입니까. 10만8천 억 국토를 지나서 극락세계를 찾을 것입니까, 10억 광년 저 멀리에 가서 넘실대는 향수해를 찾을 것입니까.

　무변허공無邊虛空이 각소현발覺所顯發이라 하였습니다. 무수억 광년의 거리로도 다 잴 수 없는 무변한 허공이 우리들 한 마음의 깨달음에서 나타난 것입니다. 태양계니, 은하계니, 소우주니, 대우주니 따져서 무엇하겠습니까. 쓸데없는 일 마음속에 걸어 두지 않으면 이 자리가 그대로 화장세계인 것을.

대방광불화엄경 강설 제10권

五. 화장세계품華藏世界品 3

화장장엄세계란 우리가 살고 있는 우리 주변의 천지만물과 산천초목, 이 모든 것입니다. 작게는 눈에 보이지도 않는 세포 하나하나에서부터 크게는 수백 억 광년 저 멀리에 있는 무수한 별들에 이르기까지 모두가 화장장엄세계입니다. 이들 모든 화장장엄세계에 무거운 은혜를 입고 살아갑니다. 그러므로 일체 화장장엄세계에 깊이 감사드립니다.

화엄경 강설이 이제 열 권째에 이르렀습니다. 열 권의 강설 책이 나오기까지 가깝고 먼 수많은 화엄성중님들의 은혜를 입었습니다. 참으로 아름답고 향기로운 꽃으로 장엄한 성스러운 대중들입니다. 저의 오늘이 있기까지 일일이 다 열거하지 못하는 수많은 스승님과 도반님들에게 진심 어린 감사를 올립니다.

병고를 앓기 이전부터 법당 마련 등 큰 은혜를 입으며 함께해 온 금요법회 법우님 여러분들께 감사드립니다. 오늘 이 시간까지도 화엄경 공부를 함께하고 있음에 더욱 감사드립니다. 문수경전연구회에서 화엄경 공부를 함께하는 여러 스님들께 참으로 깊은 감사를 드립니다. 오랜 투병 생활을 묵묵히 지켜보며 알게 모르게 조금이라도 도움을 주고자 여러 부분으로 마음 쓰시는 모든 분들께 진심 다해 감사드립니다. 화엄경 공부 시간에 말없이 봉사하시는 봉사자 화엄성중님들께 감사드립니다.

고맙습니다. 무엇보다 다음 카페 '염화실' 회원 모든 분과 얼굴 한번 보지 못하였으나 끊임없이 녹취하여 글을 올리고 댓글을 달아서 많은 법우님들이 함께 공부할 수 있게 해 준 모든 분들에게 진심으로 감사드립니다. 화엄경 강설 책이 나오기까지 여러 가지로 애쓰시는 담앤북스 출판사 관계자 여러분들께 큰 감사를 드립니다. 이 81권 화엄경 강설이 다 출판되기까지 꼼꼼한 교정을 스스로 맡아 애쓰시는 원력보살님들께 심심한 감사의 인사를 드립니다.

그동안 화엄경 강설을 구입하여 공부하고 계시는 독자 여러분들에게도 무한한 감사를 드립니다. 혹은 이미 잘 아는 분들과 또는 전혀 모르는 분들의 소리없는 무주상無住相 동참으로 염화실지와 화엄경 강설과 사경책 등 각종 불서를 법공양할 수 있게 해 주신 분들께도 깊은 감사를 드립니다. 저의 원력이 법공양 운동이기에 더욱 고맙게 생각합니다. 이 외에도 미처 생각하지 못한 유연有緣 무연無緣의 모든 분들께도 감사의 말씀을 드립니다.

여러분들은 진실로 아름답고 향기로운 꽃으로 장엄한 성스러운 대중, 화엄성중이십니다. 여러분들이 계셔서 이 세상을 화엄경으로 꽃 장엄을 하게 되었습니다. 참으로 화장장엄세계입니다. 이 모든 은혜를 어떻게 갚아야 할지 참으로 그 빚이 태산 같습니다.

모든 불보살님들과 일체 화엄성중님들의 가호 아래 이 불사를 원만 성취하여 저의 임무를 다하는 것으로 은혜에 보답하겠습니다.

감사합니다. 감사합니다. 감사합니다.

대방광불화엄경 강설 제11권

六. 비로자나품毘盧遮那品

　부처님의 몸은 우주법계에 충만해 있습니다. 그래서 일체 중생들 앞에 널리 나타나 있습니다. 또한 산천초목과 삼라만상이 그대로 청정법신 비로자나불입니다. 그렇다면 다시 또 어디에서 무슨 비로자나 부처님을 설명해야 하겠습니까?

　아닙니다. 산천초목과 삼라만상이 그대로 청정법신 비로자나불이기 때문에 그 삼라만상 부처님 한 분 한 분을 설명해야 할 내용이 그렇게 많습니다. 이 우주 만유만큼이나 많습니다. 우주 만유의 역사만큼이나 그 역사 또한 오랩니다. 그래서 그 멀고 먼 우주 만유의 역사를 더듬어 가듯이 비로자나 부처님의 역사를 읽어 나갑니다.

비로자나 부처님의 역사뿐만이 아닙니다. 물 한 방울의 역사가 그렇고, 바람 한 줄기의 역사가 그렇고, 나뭇잎 하나의 역사가 그렇고, 풀 한 포기의 역사가 그렇고, 무심한 돌멩이 하나의 역사가 그렇습니다. 하물며 천지 사이와 만물 가운데 오직 사람이 존귀하다는 사람의 역사와 사람 마음의 역사야 일러 무엇하겠습니까?

영겁 이전으로 거슬러 올라가서 그 오래고 오랜 비로자나 부처님의 역사를 읽는 일입니다. 비로자나 부처님의 역사와 함께 풀 한 포기, 나무 한 그루 그리고 우리들 한 사람 한 사람의 역사를 읽는 일입니다. 나아가서 찰나에 생겨나고 찰나에 소멸하는 마음의 역사를 읽는 일입니다. 일천 개의 태양처럼 지혜의 눈을 크게 뜨고 그 길고 오랜 역사를 잘 읽어야 하겠습니다.

나무 청정법신 비로자나불

나무 청정법신 비로자나불

나무 청정법신 비로자나불

二會

부처님께서
보광명전에서 설하신
두 번째 설법

대방광불화엄경 강설 제12권

당신은 부처님. 부처님인 당신의 이름을 무엇으로 불러야 하겠습니까? 천백억화신 석가모니 부처님, 청정법신 비로자나 부처님, 원만보신 노사나 부처님, 서방정토 아미타 부처님, 무량광 부처님, 무량수 부처님.

우리들이 사는 사천하에서는 "혹은 이름이 비로자나毘盧遮那이며, 혹은 이름이 구담씨瞿曇氏이며, 혹은 이름이 대사문大沙門이며, 혹은 이름이 최승最勝이며, 혹은 이름이 도사導師이시니라. 이와 같은 이름이 그 수가 십천十千이니라. 모든 중생들로 하여금 제각기 다르게 알고 보게 하시느니라."

라고 하였습니다.

달리 또 무엇이라고 불러야 부처님인 당신의 마음이 흡족하겠습니까. 그래서 처음도 당신은 부처님, 중간도 당신은 부처님, 끝도 당신은 부처님입니다. 우리들의 고통도 그대로 성스러운 진리입니다. 그 고통의 원인도 그대로 성스러운 진리입니다. 그 고통이 사라진 그 자리도 그대로 성스러운 진리입니다. 그 고통이 사라지게 하는 방법도 또한 그대로 성스러운 진리입니다.

모두가 성스러운 진리라는 사실에 눈을 뜨는 것밖에 달리 다른 길은 없습니다. 그 고통이라는 성스러운 진리가 아니었다면 어찌 이 위대한 화엄경에 눈뜰 수 있었겠습니까. 고통이라는 성스러운 진리에 눈을 뜰 때까지 화엄경에 정진합시다. 고통의 소멸이라는 성스러운 진리에 눈을 뜰 때까지 화엄경을 천착합시다.

나무 고집멸도보살마하살

나무 고집멸도보살마하살

나무 고집멸도보살마하살

대방광불화엄경 강설 제13권

九. 광명각품 光明覺品
十. 보살문명품 菩薩問明品

세상에는 광명이 없으면 어떤 사물도 볼 수 없습니다. 사람이 무엇을 본다는 것은 순전히 광명의 덕입니다. 우리가 보물이 가득한 창고에 들어가더라도 광명이 없으면 무엇이 흙이고 무엇이 돌이며, 무엇이 쇠고 무엇이 구리며, 무엇이 은이고 무엇이 금인지를 알 수 없습니다. 그렇다면 얼마나 답답하고 안타깝겠습니까.

그와 같이 사람의 마음에 광명과 같은 지혜가 없어서 무엇이 선이고 무엇이 악이며, 무엇이 먼저고 무엇이 나중이며, 무엇이 옳고 무엇이 그르며, 무엇이 이익이고 무엇이 손해며, 무엇이 바른 것이고 무엇이 삿된 것인지 모른다면 그 삶이 어떻게 되겠습니까. 실로 두렵기 그지없는 일입니다. 광명이란 곧 깨달음이며, 깨달음은 곧 지혜며, 지혜는 곧 진리의 가르침인 화엄경입니다.

세상 모든 분야에서의 발전은 의문으로부터 이루어집니다. 불법에서의 모든 공부와 수행도 역시 의문으로부터 출발합니다. 보살문명菩薩問明이란 공부와 수행에서 가장 먼저 생각해야 할 의문을 갖는 태도를 드러내 보입니다. 불법을 바르게 믿고 바르게 알고 바르게 수행하고 바르게 깨달으려면 먼저 의문을 가져야 합니다. 또한 그 의문을 밝게 해결해야 합니다. 지혜의 보살인 문수보살이 여러 보살들과 함께 질문과 답을 주고받으며 불법 중에서 중요한 내용을 하나하나 분석해 갑니다.

연기는 무엇이고 교화는 무엇이며, 업과는 무엇이고 설법은 무엇이며, 복전은 무엇이고 교법은 무엇이며, 바른 행은 무엇이고 수행은 무엇이며, 일도一道는 무엇이고 부처님 경계는 무엇인지, 불법에서 아주 중요하며 기본이 되는 내용들입니다.

실로 인생에 있어서도 앞으로 앞으로 나아가려면 의문을 가져야 하며 그 의문을 밝게 해결해야 합니다. 화엄경은 그 모든 의문의 바른 답입니다. 쉼 없이 정진하여 인생의 가장 유익하고 정확한 답을 찾기를 바랍니다.

대방광불화엄경 강설 제14권

十一. 정행품淨行品
十二. 현수품賢首品 1

불자여,

보살이 집에 있을 때에는

마땅히 중생이

집의 성품이 공한 줄을 알아서

그 핍박을 면하기를 원할지어다.

부모를 효성으로 섬길 때에는

마땅히 중생이

부처님을 잘 섬겨서

일체를 보호하고 공양하기를 원할지어다.

처자가 모일 때에는
마땅히 중생이
원수거나 친하거나 평등하여
길이 탐착을 여의기를 원할지어다.

「정행품淨行品」

믿음은 불도의 근원이며 공덕의 어머니라
일체의 선한 법을 다 길러 내나니
의심의 그물을 끊어 버리고 애착의 물결을 벗어나서
가장 높은 열반의 도를 열어 보이네.

믿음은 혼탁함이 없어 마음이 청정하고
교만을 없애고 공경의 근본이 되네.
믿음은 또한 법의 창고에서 제일가는 재물이요
훌륭한 손이 되어 온갖 일을 다 수행하게 되네.

믿음은 은혜를 베풀어 마음에 인색함이 없고

믿음은 기쁨으로 불법에 들어가게 하며

믿음은 지혜와 공덕을 증장시키고

믿음은 반드시 여래의 지위에 이르게 하느니라.

「현수품賢首品」

대방광불화엄경 강설 제15권

十二. 현수품賢首品 2

또 광명을 놓으니 이름이 '눈 청정'이라
눈이 먼 자로 하여금 온갖 빛을 보게 하나니
부처님과 불탑에 등을 밝혀 보시하였네라.
이런 까닭에 이 광명을 얻었느니라.

또 광명을 놓으니 이름이 '귀 청정'이라
귀머거리로 하여금 다 잘 듣게 하나니
부처님과 불탑에 음악회를 열었네라.
이런 까닭에 이 광명을 얻었느니라.

또 광명을 놓으니 이름이 '코 청정'이라
옛적에 맡지 못하던 향기를 모두 맡게 하나니
향으로써 부처님과 불탑에 보시하였네라.
이런 까닭에 이 광명을 얻었느니라.

또 광명을 놓으니 이름이 '혀 청정'이라
아름다운 음성으로 부처님을 칭찬하나니
추악하고 좋지 못한 말을 영원히 제거하였네라.
이런 까닭에 이 광명을 얻었느니라.

또 광명을 놓으니 이름이 '몸 청정'이라
육신에 흠이 있는 자로 하여금 구족하게 하나니
몸으로써 부처님과 불탑에 예배하였네라.
이런 까닭에 이 광명을 얻었느니라.

또 광명을 놓으니 이름이 '뜻 청정'이라
정신을 잃은 자로 하여금 바른 생각을 얻게 하나니
삼매를 닦아서 모두 자재하였네라.

이런 까닭에 이 광명을 얻었느니라.

눈과 귀와 코와 혀와 몸과 뜻이
그대로가 청정한 광명이요
물질, 소리, 향기, 맛, 감촉, 법이 역시 그러하도다.

三會

부처님께서
도리천궁에서 설하신
세 번째 설법

대방광불화엄경 강설 제16권

부처님께서 처음 정각正覺을 이루신 부다가야의 보리수나무 밑을 떠나지 않으시고 수미산 정상에 오르시었습니다. 제석천왕은 이렇게 찬탄하며 영접하셨습니다.

가섭迦葉 여래께서는 큰 자비를 구족하시니

모든 길상吉祥 가운데 가장 높으사

그 부처님께서 일찍이 이 궁전에 오셨기에

그런 까닭에 이곳이 가장 길상합니다.

구나모니拘那牟尼께서는 소견이 걸림이 없으시니
모든 길상 가운데 가장 높으사
그 부처님께서 일찍이 이 궁전에 오셨기에
그런 까닭에 이곳이 가장 길상합니다.

가라구타迦羅鳩馱께서는 금산과 같으시니
모든 길상 가운데 가장 높으사
그 부처님께서 일찍이 이 궁전에 오셨기에
그런 까닭에 이곳이 가장 길상합니다.

부처님은 이와 같이 수미산에 올라 영접을 받고 나서 다시 시방의 보살들로부터 각각 열 게송씩 1백 개의 게송으로 찬탄함을 듣습니다.

부처님께서 길고 긴 찬탄의 노래를 듣고 나자 드디어 화엄경 7처處 9회會의 설법 중 제3회 설법의 본론인 십주十住법문이 법혜法慧보살로부터 설해집니다. 이른바 발심주發心住와 치지주治地住와 수행주修行住와 생귀주生貴住와 구족방편주具

足方便住와 정심주正心住와 불퇴주不退住와 동진주童眞住와 법왕자주法王子住와 관정주灌頂住입니다.

이것을 보살의 열 가지 머무는 곳이라 이름합니다. 이 열 가지 보살이 머무는 곳은 과거, 미래, 현재의 모든 부처님들이 모두 설하시는 것입니다.

대방광불화엄경 강설 제17권

十六. 범행품梵行品
十七. 초발심공덕품初發心功德品

과연 무엇이 진정한 청정범행입니까? 청정범행이란 진실로
존재하는 것입니까?

경에 말씀하시기를, "만일 몸이 범행이라면 범행은 선하지
않은 것이며, 법답지 않은 것이며, 혼탁한 것이며, 냄새나는
것이며, 부정한 것이며, 싫은 것이며, 어기고 거역하는 것이
며, 잡되고 물든 것이며, 송장이며, 벌레 무더기인 줄을 마땅
히 알아야 할 것이니라."

"만일 말이 범행이라면 범행은 곧 음성, 숨, 입술, 혀, 목구
멍, 뱉고 삼킴, 막고 놓음, 고저高低, 청탁淸濁일 것이니라."

"만일 부처님이 범행이라면 색온色蘊이 부처님인가, 수온受蘊이 부처님인가, 상온想蘊이 부처님인가, 행온行蘊이 부처님인가, 식온識蘊이 부처님인가, 32상相이 부처님인가, 80종호種好가 부처님인가, 신통이 부처님인가, 업행業行이 부처님인가, 과보果報가 부처님인가?"라고 하였습니다.

존재의 현상에서 보면 분명히 더러운 몸이 범행이며, 허망한 말이 범행이며, 외형적인 오온과 상호와 업과 과보인 부처님이 범행이지만 존재의 본질에서 보면 그 무엇도 범행이라 할 것이 없습니다. 그러므로 참으로 텅 비어 공한 범행과 그대로 나타난 범행에 걸리지 않아야 할 것입니다.

불교에서는 보살행을 실천하는 것을 가장 높이 찬탄합니다. 보살행 실천이 불교의 근본 종지이기 때문입니다. 그 보살행의 실천은 보리심菩提心, 즉 불심佛心에서 출발합니다. 그러므로 보리심을 처음으로 발하는 사람의 공덕은 실로 한량이 없습니다. 그 한량없는 공덕을 한량없이 설명한 것이 곧 초발심공덕품初發心功德品입니다.

중생의 마음 작용 다 헤아려 알며

국토의 미진도 또한 다 알며

허공의 끝까지를 헤아린다 해도

초발심한 공덕은 측량하지 못하리.

대방광불화엄경 강설 제18권

十八. 명법품明法品

"불자여, 보살이 이와 같은 지혜를 구족하면 삼보三寶의 종성種性이 영원히 끊어지지 않게 하나니, 무슨 까닭인가. 보살마하살이 모든 중생들로 하여금 보리심을 내게 하므로 부처님의 종성이 끊어지지 않게 하며, 항상 중생을 위하여 법장法藏을 열어 보이므로 법보法寶의 종성이 끊어지지 않게 하며, 교법敎法을 잘 받들어 어기지 아니하므로 승보僧寶의 종성이 끊어지지 않게 하느니라."

"다시 또 일체 큰 소원을 모두 칭찬하므로 부처님의 종성이 끊어지지 않게 하며, 인연의 문을 분별하여 연설하므로 법보의 종성이 끊어지지 않게 하며, 여섯 가지 화합하는 법

[六和敬法]을 부지런히 닦으므로 승보의 종성이 끊어지지 않게 하느니라."

"다시 또 중생이란 밭에 부처님 종자를 심으므로 부처님의 종성이 끊어지지 않게 하며, 바른 법을 호지하여 목숨을 아끼지 아니하므로 법보의 종성이 끊어지지 않게 하며, 대중을 통솔하여 고달픈 줄 모르므로 승보의 종성이 끊어지지 않게 하느니라."

불법이 이와 같이 세상에 머물고, 그나마 도덕과 윤리가 이와 같이 머물고, 사람과 일체 존재에 대한 올바른 이치의 가르침이 이와 같이 펼쳐진 것은 오로지 삼보의 종성이 끊어지지 아니하고 영원히 이어지기 때문입니다.

그러므로 우리들 삼보는 스스로의 정체성에 깊은 이해가 있어야 하겠습니다. 우리들 삼보는 스스로가 세상에서 가장 존귀한 보물임을 깨달아 순간순간 감동의 삶이 되어야 하겠습니다. 우리들 삼보는 삼보의 종성이 영원히 계속되도록 부처님을 널리 알리고, 진리의 가르침을 더욱 널리 전파하고, 무수한 불자들을 끊임없이 길러 내야 할 것입니다.

四會

부처님께서
야마천궁에서 설하신
네 번째 설법

대방광불화엄경 강설 제19권

그때에 세존께서 일체 보리수나무 아래와 수미산 산정을 떠나지 않으시고 저 야마천궁의 보배로 장엄한 궁전을 향하시었습니다. 그때에 야마천왕이 멀리서 부처님이 오시는 것을 보고 즉시 신통한 힘으로써 그 궁전 안에 보련화장寶蓮華藏 사자좌를 변화하여 만들었는데 백만 층으로 장엄하고, 백만의 황금그물이 서로 얽히었고, 백만의 꽃 휘장, 백만의 꽃다발 휘장, 백만의 향 휘장, 백만의 보배 휘장이 그 위에 덮이었습니다.

명칭名稱 여래의 소문 시방에 떨치니

모든 길상吉祥 중에 가장 높으며

그 부처님이 일찍이 이 마니궁전에 드셨으니

그러므로 이곳이 가장 길상합니다.

보왕寶王 여래는 세간의 등불이시니

모든 길상 중에 가장 높으며

그 부처님도 일찍이 이 청정궁전에 드셨으니

그러므로 이곳이 가장 길상합니다.

부처님이 큰 광명 놓아

시방을 두루 비추시니

천상과 인간의 높은 어른 뵈옵기

환히 트이어 걸림 없도다.

부처님 야마천궁에 앉아서

시방세계에 두루 하시니

이런 일은 매우 기특하여

세간에서 희유하도다.

수야마천왕이
열 분의 부처님을 게송으로 찬탄하니
이 모임에서 보는 것처럼
일체 처에서도 모두 그러하도다.

찬탄합시다, 찬탄합시다.
이 세상에 사람 부처님이 오심을 찬탄합시다.
중생 부처님이 오심을 찬탄합시다.
내 부처님이 오시고 당신 부처님이 오심을 찬탄합시다.
서로서로 부처님임을 깨달아
목청껏 소리 높여 찬탄합시다.

대방광불화엄경 강설 제20권

二十一. 십행품十行品 2

불법佛法을 수행하여 궁극의 경지에 이르는 것을 화엄경에서는 네 가지로 설하기도 합니다. 즉 믿음[信]과 이해[解]와 실천[行]과 증득[證]입니다. 또는 십신十信과 십주十住와 십행十行과 십회향十廻向과 십지十地와 등각等覺과 묘각妙覺으로 자세히 나열하기도 합니다.

그러나 한편 처음 불법에 대하여 마음을 일으킬 때 이미 궁극의 경지인 정각을 이룬 상태라고도 합니다. 불법 수행이란 그 어떤 일도 사람에서 출발하여 사람에게 이르는 일입니다. 그래서 처음도 사람이요, 중간도 사람이요, 끝도 사람입니다.

그 사람은 누구와도 차별이 없는 만인동등의 참사람[無位眞人]입니다. 누구와도 차별이 없는 자리에서 차별을 펼쳐 놓으니 52위의 계제階梯가 있게 되었습니다. 그래서 하나의 사람이 곧 52위요, 52위가 곧 하나의 사람입니다. 즉 차별이 없는 가운데 차별이 있으며, 차별이 있는 가운데 차별이 없습니다. 원융문圓融門과 항포문行布門의 관계입니다. 원융문에서 보면 누구나 하나의 사람이요, 항포문에서 보면 52위와 천차만별의 차별이 있습니다. 이것이 사람의 일입니다.

열 가지 수행[十行]이란 열 가지 머무름[十住]과 열 가지 회향[十廻向]과 열 가지 경지[十地]에서와 같이 열 가지 바라밀을 주主바라밀과 조助바라밀에 따라 낱낱이 실천하며 증득해가는 길입니다. 마치 대나무 그림자가 뜰을 쓸 듯이 하며, 허공을 나는 새가 그 흔적 없듯이 합니다. 차별 없는 참사람에서 차별 없는 참사람에 이르는 수행에 무슨 먼지가 일 것이며 무슨 자취가 남겠습니까. 박지범부薄地凡夫도 참사람이요, 등각 묘각도 참사람인 것을. 그렇게 수행하고 그렇게 공부하는 것이 아름다운 보살행의 꽃으로 세상을 장엄하는 화엄華嚴일 것입니다.

대방광불화엄경 강설 제21권

二十二. 십무진장품十無盡藏品

무진장無盡藏, 이 세상에서 무엇이 무진장입니까? 모든 사람 모든 생명의 내용이 본래로 무진장입니다. 참마음과 참나와 차별 없는 참사람에게는 본래로 무진장입니다.

참되고 바른 이치를 믿는 믿음[信藏]도 처음부터 무진장으로 있었기 때문에 우리는 그것을 매일매일 이와 같이 표현합니다. 윤리와 도덕과 질서를 지키는 계율[戒藏]도 참사람에게는 본래로 무진장입니다. 참사람은 자신의 실수와 잘못을 누가 가르치지 않아도 부끄러워할 줄 아는 것이 무진장으로 있습니다.

이와 같이 참마음 참사람은 들어서 알고자 하는 것도, 남에게 무한정 베풀고 싶어하는 것도, 타고난 지혜 등등도 일체를 본래부터 무진장으로 가지고 있어서 한량없이 원만한 [+] 무진장無盡藏입니다.

그러므로 차별 없는 참사람의 또 다른 이름이 무진장입니다. 바로 이 글을 읽는 당신이 곧 무진장입니다. 그래서 우리는 무엇이나 무진장으로 표현하며 무진장으로 살아야 합니다. 당신 스스로가 무진장인데 왜 부족하다고 생각합니까? 왜 가난하다고 생각합니까? 왜 없다고 생각합니까?

무진장인 자신을 못난 사람이라고 천대하지 맙시다. 무진장인 자신을 부족한 사람이라고 한정 짓지 맙시다. 무진장인 자신을 능력이 없어서 안 된다고 제한하고 규정짓지 맙시다. 무진장, 우리 모두 모든 시간과 모든 장소에서 무진장으로 살아갑시다.

五會

부처님께서
도솔천궁에서 설하신
다섯 번째 설법

대방광불화엄경 강설 제22권

二十三. 승도솔천궁품昇兜率天宮品

　부처님께서 보리수나무 밑을 떠나지 않으시고, 또한 수미산 정상과 야마천궁을 떠나지 않으시고 드디어 도솔천궁에 올라가십니다. 기다리고 있던 도솔천왕은 아름다운 게송으로 도솔천궁을 이와 같이 찬탄합니다.

　지난 옛적 무애월無礙月 여래 계시었는데
　여러 가지 길상 중에 가장 수승하여
　그 부처님이 장엄전莊嚴殿에 일찍 드시었으니
　그러므로 이곳이 가장 길상합니다.

지난 옛적 광지廣智 여래 계시었는데
여러 가지 길상 중에 가장 수승하여
그 부처님이 이 금색전金色殿에 일찍 드시었으니
그러므로 이곳이 가장 길상합니다.

지난 옛적 보안普眼 여래 계시었는데
여러 가지 길상 중에 가장 수승하여
그 부처님이 이 연화전蓮華殿에 일찍 드시었으니
그러므로 이곳이 가장 길상합니다.

이 글을 읽는 우리 모두도 다 함께 본래의 처소를 떠나지
않은 채 도솔천궁에 올라가서 이 법회에 동참하였습니다. 그
리고 도솔천왕의 이와 같은 노래를 함께 듣습니다. 이처럼
화엄경에서는 시간과 공간이 자유자재합니다. 이상과 현실
이 자유자재합니다. 부디 화엄경의 환희로 화엄경을 천착하
며 공부하는 삶을 삽시다.

대방광불화엄경 강설 제23권

二十四. 도솔궁중게찬품兜率宮中偈讚品
二十五. 십회향품+廻向品 1

차라리 일체 세간의 고통을 낱낱이 다 받을지라도 언제나 여래를 친견할 것이며, 반드시 여래의 자재하신 힘으로 살겠습니다. 차라리 가난하고 헐벗어서 추위에 떨더라도 항상 여래를 친견하여 그 지혜와 자비의 청정복덕을 누리며 살겠습니다.

차라리 우연히 병을 얻어 백년을 신음하는 무서운 고통을 받더라도 여래를 친견하고 여래의 진리의 가르침 속에서 그 고통을 말끔히 잊고 살겠습니다. 차라리 유루복有漏福은 박덕薄德하여 입을 것도 없고, 먹을 것도 없고, 이 몸 하나 의

지할 곳이 없더라도 화엄경을 공부하는 무량대복을 누리며 살겠습니다.

그리하여 끝내는 여래와 맺은 인연 공덕으로 일체 고통이 없고, 가난하지도 않고, 헐벗지도 않고, 추위에 떨지도 않고, 우연히 병을 얻는 일도 없고, 백년을 신음하는 무서운 고통도 없고, 입을 것은 넘쳐나고, 먹을 것도 풍족하고, 의지할 곳도 처처에 널려 있어서 일체 중생들과 이 모든 것을 함께 누리며 행복하기를 서원합니다.

「도솔궁중게찬품」

내가 마땅히 일체 중생을 위하여 집이 되리니
모든 괴로운 일을 면하게 하려는 연고이니라.
내가 마땅히 일체 중생을 위하여 구호救護가 되리니
모든 번뇌에서 해탈케 하려는 연고이니라.
내가 마땅히 일체 중생을 위하여 귀의할 데가 되리니
모든 공포를 떠나게 하려는 연고이니라.
내가 마땅히 일체 중생을 위하여 나아갈 곳이 되리니
일체 지혜에 이르게 하려는 연고이니라.

내가 마땅히 일체 중생을 위하여 안락처가 되리니
마침내 편안한 곳을 얻게 하려는 연고이니라.
내가 마땅히 일체 중생을 위하여 광명이 되리니
지혜의 빛을 얻어
어리석음의 어둠을 소멸하게 하려는 연고이니라.
내가 마땅히 일체 중생을 위하여 횃불이 되리니
모든 무명의 암흑을 깨뜨리려는 연고이니라.
내가 마땅히 일체 중생을 위하여 등불이 되리니
끝까지 청정한 곳에 머물게 하려는 연고이니라.
내가 마땅히 일체 중생을 위하여 길잡이가 되리니
그들을 진실한 법에 들게 하려는 연고이니라.
내가 마땅히 일체 중생을 위하여 대도사大導師가 되리니
걸림 없는 큰 지혜를 주려는 연고이니라.
불자들이여,
보살마하살이 모든 선근으로 이와 같이 회향하여
일체 중생을 평등하게 이익 주며 구경에는
일체 지혜를 얻게 하느니라.

「십회향품 1」

대방광불화엄경 강설 제24권

二十五. 십회향품十廻向品 2

　회향廻向. 이 얼마나 아름다운 말입니까. 화엄경은 이 한 마디 말을 이해시키려고 열 권 반이나 되는 경을 설하였습니다. 불교는 오직 이 회향이라는 한마디가 전부입니다. 부처님의 가르침 중에서 "자신이 닦은 모든 선근 공덕을 회향한다."는 말보다 더 좋은 말이 어디 있겠습니까. 우리 화엄행자華嚴行者 모두는 일체를 널리 회향하시기를 바랍니다.

　내가 모은 재산과 내가 가진 권세와 내가 쌓은 공덕과 내가 닦은 수행과 내가 배운 지식과 내가 얻은 깨달음을 일체 중생에게 회향합시다. 부처님이 이루신 보리菩提에 회향합시다. 진리인 실제實際에 회향합시다. 삼처三處에 회향하는 일이 모두모두 원만하여지기를 간절히 서원합시다. 그 서원대로 생활합시다.

세상은 온통 결핍으로 신음하고 있습니다. 배려하는 마음이 결핍되어 신음하고, 사랑하는 마음이 결핍되어 신음하고, 베푸는 마음이 결핍되어 신음합니다. 따뜻한 말 한마디로 회향합시다. 따뜻한 마음 한 자락으로 회향합시다. 따뜻한 몸짓 한 번으로 회향합시다.

회향이 살 길이며 회향이 불법佛法입니다. 순간순간 들이마신 공기를 내뿜듯이 그렇게 회향하며 삽시다. 먹은 음식물을 배설하듯이 그렇게 회향하며 삽시다. 재삼 단언하건대 회향만이 진정한 불법입니다. 회향만이 사람이 사람으로 살아가는 일입니다. 회향만이 참사람의 소리이며, 참마음의 소리이며, 참나의 소리입니다. 부디 회향하며 삽시다.

대방광불화엄경 강설 제25권

二十五. 십회향품＋迴向品 3

"불자들이여, 보살마하살이 일체 그릇을 능히 보시하느니라. 이른바 황금 그릇에 여러 가지 보배를 가득 담고, 백은 그릇에 여러 가지 기묘한 보배를 가득 담고, 유리 그릇에 갖가지 보배를 가득 담고, 파려 그릇에 한량없는 보배장엄거리를 가득 담고, 자거 그릇에 붉은 진주를 가득 담았느니라."

"마노 그릇에 산호와 마니주 보배를 가득 담고, 백옥 그릇에 아름다운 음식을 가득 담고, 전단 그릇에 하늘의 의복을 가득 담고, 금강 그릇에 여러 가지 묘한 향을 가득 담고, 무량무수한 가지각색 보배 그릇에 무량무수한 가지각색 보배를 가득 담았느니라."

"이와 같은 일체 보배 그릇을 혹 부처님께 보시하나니, 부처님의 복밭이 부사의함을 믿는 연고입니다. 보살께 보시하나니, 선지식을 만나기 어려움을 아는 연고입니다. 거룩한 스님께 보시하나니, 부처님 법이 세상에 오래 머물게 하는 연고입니다. 성문과 벽지불에게 보시하나니, 모든 성인에게 청정한 신심을 내는 연고입니다."

"부모에게 보시하나니, 존중하는 연고입니다. 스승에게 보시하나니, 항상 인도하사 성인의 가르침을 의지하여 공덕을 닦게 하는 연고입니다. 하열下劣하고 빈궁하고 외로운 이에게 보시하나니, 대자대비한 눈으로 중생들을 평등하게 보는 연고며 과거 미래 현재의 모든 보살의 보시바라밀다를 만족게 하려는 연고입니다."

"여러 가지 물건으로 모든 사람에게 보시하되, 마침내 모든 중생들을 버리지 아니하는 연고입니다."

대방광불화엄경 강설 제26권

二十五. 십회향품＋廻向品 4

불교란 오로지 보시이며, 보시가 곧 불교입니다. 달리 말
하면 무엇이나 마음을 다해서 베풀고 나누는 것이 불교입니
다. 불교는 베풀고 나누는 이 일 한 가지뿐입니다. 세상을
위해서 존재하는 것이 불교라면 베풀고 나누는 일 외에 달
리 무슨 일이 더 있겠습니까?

먼저 법을, 진리를, 진리의 가르침[法]을 베풀고 나누는 일
입니다. 다음은 재산[財]이나 물질을 필요로 하는 사람에게
무리하지 말고 형편에 따라 베풀고 나누는 일입니다. 다음
은 외롭고 두려움에 처한 사람들에게 의지가 되어 주고 편
안함[無畏]을 베푸는 일입니다.

『잡보장경』에서는 무재칠시無財七施라 하여 돈을 들이지 않고도 베풀고 나누어 무량대복을 지을 수 있는 길을 제시하였습니다. 부드럽고 자비로운 눈빛으로 사람을 편안하게 대하는 것은 자안시慈眼施입니다. 얼굴에 미소를 가득 안고 사람을 대하는 모습은 화안시和顏施입니다. 아름답고 공손한 말로 사람들을 대하는 것은 언사시言辭施입니다. 몸소 행동으로 사람들을 돕는 것은 사신시捨身施입니다. 따뜻한 마음으로 사람들을 배려하는 것은 심려시心慮施입니다. 다른 사람에게 자리를 양보하는 것은 상좌시床座施입니다. 잠깐이라도 잠자리나 거처 등을 마련해 주는 것은 방사시房舍施입니다. 이 일곱 가지 보시만으로도 세상은 얼마나 밝고 향기롭고 아름다운 세상이 되겠습니까.

이 모든 보시거리는 실은 사람 사람이 본래로 마음속에 가지고 있는 것들입니다. 본래로 가지고 있는 것을 보시하는 것은 곧 회향이 됩니다. 그리고 그 보시를 보다 높은 뜻으로 회향하여 대자대비의 마음으로 온 우주를 흠뻑 적시는 것이 세상에서 가장 뛰어난 가르침인 진정한 불교입니다. 80권이나 되는 화엄경과 나아가서 8만4천 대장경은 이 보시하여 회향하는 것이 진정한 사람의 길이며 부처님이 가르치신 오직 한 길이라는 것을 보여 주었습니다.

보시일법布施一法이 총섭제행總攝諸行입니다. 베풀고 나누는 이 한 가지 일이 모든 수행을 다 포섭하고 있습니다. 이보다 더 훌륭한 수행이 무엇이 있겠습니까. 부디 사람으로서 사람답게 살려면 숨을 쉬듯이, 또 음식을 먹고 배설하듯이, 지식을 배우고 가르치듯이 일체를 보시하여 회향합시다.

대방광불화엄경 강설 제27권

二十五. 십회향품＋廻向品 5

　부처님의 가르침이란 무엇입니까? 보시하고, 나누고, 베풀고, 회향하는 등 일체 선한 일이란 하나도 남김없이 앞장서서 다 하는 것이 부처님의 진정한 가르침입니다.

　근래에 불교 일각에서 장기를 기증하여 생명을 나누자는 운동을 전개하며 많은 사람들에게 의료를 지원하는 일이 일어나고 있습니다. 또 가난한 나라에 우물을 파 주고 학교를 지어 주는 운동도 많이 펼치고 있습니다. 실로 참다운 불교를 실천하는 일입니다.

　거듭 말하건대 불교는 오로지 보시입니다. 즉 보시로 회향하는 것이 불교입니다. 생명을 살리기 위한 보시 운동과,

기아에 허덕이는 사람들을 구제하는 보시 운동과, 기본적인 교육과 의료를 지원하는 보시 운동 등이 더욱 열렬히 펼쳐져야 할 것입니다.

십회향 중 제6 수순견고일체선근회향의 내용을 잠깐 살펴보겠습니다.

"불자들이여, 보살마하살이 법을 구할 적에 만약 어떤 사람이 말하기를 '그대가 살이 붙어 있는 손톱을 나에게 보시한다면 법을 그대에게 주리라.' 하거든, 보살이 대답하되 '다만 나에게 법을 주면 살이 붙어 있는 손톱을 마음대로 가져가라.' 하나니, 이는 법을 구하기 위한 연고며, 바른 법으로 중생들에게 열어 보이고 연설하여 이익하게 하며 일체 중생들로 하여금 다 만족함을 얻게 하려는 연고로 살이 붙어 있는 손톱을 구걸하는 이에게 주는 것이니라."라고 하였습니다.

이와 같이 정수리의 육계肉髻를 보시합니다. 눈을 보시합니다. 귀와 코를 보시합니다. 치아를 보시합니다. 혀를 보시합니다. 머리를 보시합니다. 수족을 보시합니다. 몸에서 피를 내어 보시합니다. 골수를 보시합니다. 심장을 보시합니다. 창자와 신장과 간과 폐를 보시합니다. 팔다리를 보시합니다. 몸의 가죽을 보시합니다. 몸을 불구덩이에 던져 보시합니다. 처자 권속과 왕의 지위를 보시합니다. 살생하는 업을 금하게 하여 보시합니다.

내 마음이 허락하는 데까지라도 보시합시다. 자신이 알고 있는 법을 보시합시다. 작은 것이라도 사정이 되면 재물을 보시합시다. 두려워하고 불안해하는 사람에게 위로하여 보시합시다. 또 재물이 들지 않는, 웃는 얼굴을 하고 친절한 말을 하고 자리를 양보하는 등의 일곱 가지를 보시합시다. 타 종교인에게도 집을 지어 주고 교회를 지어 주는 증엄證嚴 스님처럼 차별 없이 보시합시다. 보시가 참다운 견성見性이고 보시가 참다운 성불成佛입니다. 보시가 참다운 불법입니다.

대방광불화엄경 강설 제28권

二十五. 십회향품十廻向品 6

여래께서 세상에 출현하셨습니다.

여래께서 세상에 출현하셨습니다.

여래께서 화엄경에 출현하셨습니다.

여래께서 이 화엄경 한 구절 한 구절마다에 출현하셨습니다.

여래께서 이 화엄경 한 글자 한 글자마다에 출현하셨습니다.

부처님의 법[佛敎]은 베푸는 일이고, 나누는 일이고, 보시하는 일이고, 회향하는 일입니다. 그런데 무엇을 나누어 보시하면 가장 수승한 보시가 되겠습니까? 무엇을 나누어 보시하면 가장 훌륭한 공덕의 과보를 얻겠습니까?

여래께서 세상에 출현하셨음을 알리는 일입니다. 여래께서 화엄경에 출현하셨음을 널리 알리는 일입니다. 여래께서 이 화엄경 한 구절 한 구절, 한 글자 한 글자마다에 출현하셨음을 만천하에 알리는 일입니다. 부디 온 세상에 화엄경이 있음을 널리 알리는 크나큰 보시 공덕으로 회향합시다. 화엄경이 세상에 있음을 알리는 훌륭한 보시로써 복을 짓고 공덕을 닦읍시다. 이 세상에서 최상의 보물로써 무한보시를 실천하는 공덕을 닦는 보살이 됩시다.

오다. 오다. 오다.
오다. 서럽더라.
서럽더라. 우리네여,
공덕 닦으러 오다.

인생은 오직 공덕을 닦는 일입니다. 수승한 공덕을 닦는 일입니다. 화엄경 부처님이 세상에 오셨음을 널리 알리는 크나큰 보시 공덕으로 회향하는 일입니다.

대방광불화엄경 강설 제29권

二十五. 십회향품+廻向品 7

　사람 중에는 진실하고 정직하고 선량한 사람이 있으며, 그 반대의 사람도 있습니다. 불교도 또한 사람의 일이므로 진실하고 정직하고 선량한 불교가 있으며, 그 반대의 불교도 있습니다. 어떤 것이 진실하고 정직하고 선량한 불교이겠습니까? 사람들을 위해서 그리고 일체 생명을 위해서 선근을 닦고, 그 선근을 다시 일체 중생에게 회향하는 일을 하는 불교가 진실하고 정직하고 선량한 불교입니다.

　우리는 모든 분야에서 최첨단을 달리는 21세기에 살고 있습니다. 이제 우리 한국 불교도 그동안의 진실하지 않고 정직하지 않고 선량하지 않고 자기 자신의 안녕과 자기 자신의 행복만을 위하는 불교에서 벗어나 한층 뛰어난 새로운 불교로 돌아가야 할 것입니다. 새로운 불교란 본래의 불교입니다. 본래로 부처님이 꿈꾸던 오직 중생만을 위하는 보살행의 불교입니다.

'애민중생여적자哀愍衆生如赤子'라고 하였습니다. 어머니가 자신은 병들고 굶고 헐벗었더라도 어린 자식만은 열심히 돌보듯이 일체 중생만을 위하는 불교가 본래의 불교이며, 새로운 불교이며, 진실하고 정직하고 선량한 불교입니다. 세상이 필요로 하는 불교입니다. 세상 사람들이 부처님처럼 존경하고 싶고 받들어 섬기고 싶은 불교입니다.

모든 사람은 본래로 인의예지仁義禮智와 십바라밀과 보살의 지혜와 자비를 마음속에 다 갖추고 있습니다. 부처님은 사람들에게 본래 없는 것을 무리하게 권하지 않습니다. 마음을 조금만 돌리면 우리 모두는 진실하고 정직하고 선량하여 경전의 가르침처럼 일체 선근을 닦아서 만 중생에게 회향할 수 있습니다. 그것을 보살행이라 합니다.

이제 산중의 작은 암자나 큰절이나 시중의 포교당에서는 아무리 작더라도 선행을 실천하고 다시 회향하는 것을 인생

최고의 가치로 생각하는 보살들을 길러 냅시다. 모든 사찰과 포교당과 불교단체가 진실한 보살들을 길러 내는 수련장이 됩시다. 진실한 보살들을 육성하는 교육 장소가 됩시다. 보살사관생도를 양성하는 보살사관학교가 됩시다. 지금부터라도 눈을 뜨고 그와 같은 도량이 되도록 마음 다해 노력합시다.

저는 이제 이 십회향품을 공부하면서 우리 모두가 문수보살, 보현보살, 관세음보살, 지장보살과 같은 보살이 되자고 하는 보살불교운동을 선언합니다. 부디 이 성스러운 불사에 함께 동참하시어 한국의 불교를 바로 세웁시다.

대방광불화엄경 강설 제30권

二十五. 십회향품十廻向品 8

　우리가 닦은 선근을 진여眞如처럼 회향합시다. 진여眞如가
무엇입니까? 진여의 열 가지 덕을 비유로 들어 보살의 선근
회향을 밝혔습니다.

　"비유컨대 진여를 능히 측량할 수 없듯이

　선근의 회향도 그와 같아서 허공계와 평등한

　온 중생의 마음을 다해도 측량할 수가 없느니라.

　비유컨대 진여가 모든 것에 충만하듯이

　선근의 회향도 그와 같아서 한 찰나에 법계에 두루 하느니라.

　비유컨대 진여가 항상 있어서 다함이 없듯이

　선근의 회향도 그와 같아서 구경에 다함이 없느니라.

비유컨대 진여가 비교하여 상대할 수 없듯이

선근의 회향도 그와 같아서

모든 불법에 널리 원만하여 비교하여 상대할 수가 없느니라.

비유컨대 진여의 자체 성품이 견고하듯이

선근의 회향도 그와 같아서

자체 성품이 견고하여 모든 번뇌로 저해할 수 없느니라.

비유컨대 진여를 파괴할 수 없듯이

선근의 회향도 그와 같아서

일체 중생이 능히 깨뜨리지 못하느니라.

비유컨대 진여가 밝게 비추는 것으로써 본체를 삼듯이

선근의 회향도 그와 같아서

널리 밝게 비춤으로 성품을 삼느니라.

비유컨대 진여가 있지 않은 데가 없듯이

선근의 회향도 그와 같아서

모든 처소에 있지 않은 데가 없느니라.

비유컨대 진여가 온갖 시간에 두루 하였듯이

선근의 회향도 그와 같아서 온갖 시간에 두루 하였느니라.

비유컨대 진여의 성품이 항상 청정하듯이

선근의 회향도 그와 같아서

세간에 있으매 자체가 항상 청정하니라."라고 하였습니다.

　진여의 청정성은 수많은 성질 중에 가장 뛰어난 성질입니다. 보살의 선근 회향도 세간에 머물면서 청정하고 수승함을 밝게 드러냅니다. 선근보다 청정하고 수승한 것이 또 있겠습니까? 그러므로 불법은 요익중생饒益衆生하는 선근 회향으로 최종 목적을 삼으며 불법의 분명한 큰 뜻[佛法的的大意]과 그 종지宗旨를 삼습니다.

대방광불화엄경 강설 제31권

二十五. 십회향품十廻向品 9

불교의 가장 큰 목적은 해탈解脫입니다. 집착이 없고 속박이 없는 해탈입니다. 의·식·주 문제로부터의 해탈이며, 모든 인간관계로부터의 해탈이며, 재물과 이성과 음식과 명예와 오래 사는 것으로부터의 해탈이며, 일체 존재로부터의 해탈이며, 나아가서 온갖 고통과 무수한 번뇌와 죽음으로부터도 해탈하는 것입니다. 이 모든 문제로부터 집착도 없고 속박도 없이 마치 태양이 먹구름으로부터 벗어나듯이 벗어나 해탈하는 것입니다.

이와 같은 해탈을 불교에서는 가장 크고 위대한 선행善行이라고 합니다. 그리고 먼저 자신이 해탈이라는 선행을 성취하는 것이며, 그 해탈을 다시 다른 사람이 성취하도록 회향廻向하여 가르치고 도와주는 일이 불교가 하는 가장 중요한 일입니다.

세존께서는 일찍이 스스로 모든 문제로부터의 해탈이라는 선행을 성취하시고 나서 그 해탈을 다시 무수한 사람들에게 회향하여 다 같이 누리도록 하기 위해서 80세에 이르도록 인도의 그 뜨거운 햇볕을 견디고 곳곳을 다니시며 법을 설하셨습니다. 그리고 2천6백여 년의 세월 동안 무수한 선지식들이 출현하여 이 해탈이라는 선행을 가르쳐서 회향하였습니다. 불교는 앞으로도 영원히 이 해탈이라는 선행을 회향하는 보살행을 할 것입니다.

불교에서는 이와 같이 그 목적을 향해, 가야 할 길이 너무나 분명하기 때문에 하루의 일과 중에도 조석예불朝夕禮佛에서부터 계정혜戒定慧의 삼학三學으로 해탈을 성취하고, 다시 그 해탈을 다른 사람에게 회향해야 한다는 해탈의 지견知見을 목청껏 읊조립니다. 대심범부大心凡夫인 화엄행자華嚴行者들이여, 부디 모든 문제로부터 해탈합시다. 그리고 그 해탈을 일체 중생이 다 같이 누리도록 널리 회향합시다.

대방광불화엄경 강설 제32권

二十五. 십회향품十廻向品 10

선근 회향을 얼마나 해야 대자대비한 보살의 서원을 가득 채울 수 있겠습니까. 무한한 공간과 무한한 시간을 다 채워도 대자대비한 보살의 이 선근 회향은 다 채우지 못할 것입니다. 어떤 보살은 "허공은 다함이 있을지언정 나의 서원은 다함이 없다[虛空有盡 我願無窮]."라고 하였습니다. 그 서원이 무엇이겠습니까. 과거 현재 미래의 모든 사람 모든 생명에게 자신이 닦은 선근을 널리널리 회향하는 일입니다.

열 가지 회향 중에서 마지막 열 번째 회향입니다. 그 이름은 등법계무량회향等法界無量廻向입니다. 무한한 우주법계와 동등하게 한량없이 회향한다는 뜻입니다. 우주법계가 그 양이 얼마나 되겠습니까. 얼마나 되기에 우주법계와 동등하게 한량없이 회향한다는 것입니까. 부처님의 마음[佛心]은 실로 이와 같습니다. 보살의 서원은 실로 이와 같이 무진無盡 무진 무진하며 중중重重 중중 중중합니다.

아무리 보잘것없는 작은 선근이라도 회향합시다. 선근 회향이 불법입니다. 선근 회향이 부처님 마음이며 보살의 마음이며 조사와 선지식의 마음입니다. 선근 회향이 불교의 모든 것입니다.

회향할 선근이 없다 하지 말고 부드러운 미소 한 번으로 회향합시다. 겸손한 합장 한 번으로 회향합시다. 친절한 말 한마디로 회향합시다. 진실과 정성이 담긴 태도로 회향합시다.

대방광불화엄경 강설 제33권

二十五. 십회향품＋迴向品 11

지혜 있는 사람의 회향하는 법을
모든 부처님께서 이미 다 열어 보이고
가지가지 선근을 다 회향하나니
그러므로 보살도를 능히 다 이뤘도다.

불자들이 이 회향을 잘 배우고
한량없는 행원行願을 원만히 성취하여
법계 중생 남김없이 다 거두었을새
그러므로 부처님의 힘을 능히 이루었도다.

부처님께서 말씀하신 모든 보살의
광대하고 수승한 행行을 성취하려면
마땅히 이 회향에 잘 머무를지니
이 모든 불자를 보현普賢이라 부르도다.

오히려 일체 중생 다 셀 수 있으며
삼세의 마음들도 또한 알 수 있으나
이와 같은 보현보살 모든 불자의
그지없는 공덕은 측량 못하리라.

작은 터럭 하나로 허공 끝을 다 재고
많고 많은 세계 먼지 다 헤아려 알지만
이와 같은 큰 신선神仙 모든 불자의
머무는 행원行願은 측량하지 못하리라.

六會

부처님께서
타화자재천궁에서 설하신
여섯 번째 설법

대방광불화엄경 강설 제34권

二十六. 십지품+地品 1

화엄경은 이 십지품을 근간으로 삼아 부연하고 보완하였다고 합니다. 또한 십신+信과 십주+住와 십행+行과 십회향+廻向과 십지+地와 등각等覺과 묘각妙覺이라는 52위의 수행점차도 이 십지를 근본으로 삼아 좀 더 자세하고 세밀하게 펼쳐 보인 것이라고도 합니다.

고래古來로 십주+住와 십행+行과 십회향+廻向이라는 삼현三賢과 십지+地를 화엄경의 근본 가르침으로 삼아 연구하고 수행하는 것을 가장 중요하게 여겼습니다. 그래서 한때는 전통 강원에서 삼현三賢과 십지+地를 공부하는 것으로 화엄경 공부의 전체를 대신하였습니다. 그만큼 이 십지품을 어떤 품보다도 중요하게 여겼던 것입니다.

십지품 중에 먼저 불법을 알고 크게 환희하는 제1 환희지입니다. 불법을 알고 무슨 까닭으로 환희합니까?

"불자여, 이 환희지에 머물고는 언제나 모든 부처님을 생각하므로 환희하고 언제나 모든 부처님의 법을 생각하므로 환희하고 언제나 모든 보살을 생각하므로 환희하고 언제나 모든 보살의 보살행을 생각하므로 환희하고 언제나 청정한 모든 바라밀을 생각하므로 환희하느니라."

"또 언제나 모든 보살의 지위가 수승함을 생각하므로 환희하고 언제나 보살의 깨뜨릴 수 없음을 생각하므로 환희하고 언제나 여래께서 중생들을 교화하심을 생각하므로 환희하고 언제나 능히 중생에게 이익을 얻게 함을 생각하므로 환희하고 언제나 일체 여래의 지혜와 방편에 들어감을 생각하므로 환희하느니라."

이와 같은 까닭으로 불법을 믿고 이해하고 실천하고 깨달아 증득하는 이익이 있으므로 환희합니다.

대방광불화엄경 강설 제35권

二十六. 십지품十地品 2

그때에 금강장보살이 해탈월보살에게 말하였습니다.

"불자여, 보살마하살이 이미 초지初地를 수행하고 제2지에 들어가려 한다면 마땅히 열 가지의 깊은 마음을 일으켜야 하느니라."

"무엇을 열 가지라 하는가. 이른바 정직한 마음과 부드러운 마음과 참을성 있는 마음과 조복하는 마음과 고요한 마음과 순일하게 선善한 마음과 잡란하지 않은 마음과 그리움이 없는 마음과 넓은 마음과 큰 마음이니라. 보살이 이 열 가지의 마음으로 제2 이구지離垢地에 들어가느니라."

"불자여, 보살이 이구지에 머물면 성품이 저절로 일체 살생을 멀리 여의어서 칼이나 몽둥이를 두지 아니하고, 원한을 품지 아니하고, 부끄럽고 수줍음이 있으며, 인자하고 용서함이 구족하며, 일체 중생으로 생명 있는 자에게는 항상 이익되고 사랑하는 마음을 내느니라. 이 보살이 오히려 나쁜 마음으로 모든 중생을 시끄럽게 하지도 않거늘 하물며 그에게 중생이란 생각을 내면서 짐짓 거친 마음으로 살해를 행하겠는가."

이와 같이 사람 사람들의 진여불성은 본래로 살생을 멀리하며, 법성생명은 본래로 훔치는 일을 멀리하며, 참마음은 본래로 사음을 멀리하며, 차별 없는 참사람은 본래로 망어와 양설과 악구와 기어를 멀리합니다. 또 사람 사람들의 본래 부처인 경지와 본래 보살인 경지에서는 탐욕을 멀리하며, 분노를 멀리하며, 삿된 견해를 멀리합니다. 그러므로 거짓 나에게서 번뇌의 때를 멀리 떠나려 하지 말고 본래로 청정한 진여자성의 참나에 대한 깊은 이해와 깨달음으로 번뇌의 때를 떠나야 할 것입니다. 본래로 때가 없는 진여자성을 깨달아 누리는 것이 번뇌의 때를 떠난 이구지離垢地입니다.

대방광불화엄경 강설 제36권

二十六. 십지품十地品 3

보살이 이미 제3지를 잘 다스리고
중생계와 세계와 모든 법계와
허공계와 식계識界와 삼계를 살펴보고
마음이 열리어 다 알아 능히 나아가리라.

염혜지焰慧地에 처음 올라 세력이 늘어
여래의 가문에 태어나 길이 퇴전치 않고
불법승을 믿어서 무너지지 않아
법의 무상과 일어나지 않음을 관하느니라.

세상이 성괴成壞하고 업으로 일어남과
생사와 열반과 국토와 업을 관하여
앞세상과 뒷세상을 관하되 관함까지 다하여
이와 같이 수행하여 부처님의 집에 태어나느니라.

이러한 법을 얻고 자비가 증장하여
네 가지 생각하는 곳[四念處]을 더욱 닦으며
몸과 받음과 마음과 법의 안팎을 관찰하여
세간의 탐심과 애정을 모두 멸하도다.

네 가지 부지런함[四正勤]을 보살이 닦아
나쁜 법은 없어지고 선善이 증장해서
4신족神足과 5근根과 5력力을 모두 닦으며
7각분覺分과 8정도正道도 이와 같이 닦도다.

대방광불화엄경 강설 제37권

二十六. 십지품十地品 4

불자들이여, 보살은 이와 같은 삼매와 지혜의 힘을 얻고는 큰 방편으로 모든 일을 나타내 보입니다. 예컨대 보살은 비록 생사를 따라 죽기도 하고 태어나기도 함을 나타내 보이지마는 항상 열반의 경지에 머물러 있습니다. 보살은 또 비록 처자 권속들 속에 둘러싸여 있지마는 그들과는 항상 멀리 떠나 있기를 좋아합니다. 보살은 또 비록 원력으로써 다른 중생들과 함께 삼계에 태어나지마는 세상 법에 물들지 아니합니다. 보살은 또 비록 항상 참나, 참사람, 참마음의 적멸한 해탈열반의 경지를 누리고 있으나 중생들을 교화하고 제도하는 방편의 힘으로 열렬하게 보살행을 불타듯이 펼치고 있습니다. 그렇다고 해서 그 열렬함에 빠져 불에 타 버리지는 않습니다.

보살은 또 비록 그 깨달은 지혜가 부처님이 깨달으신 지혜를 수순하지마는 소승 성문이나 벽지불의 지위에 들어가기도 합니다. 보살은 또 비록 부처님의 경계를 얻었으나 마군들을 교화하느라고 마군의 경계에 머물기도 합니다. 보살은 또 비록 마군의 도를 초월했지마는 마군의 법을 버젓이 행하기도 합니다. 보살은 또 비록 외도들의 행과 같이 하지마는 부처님의 법을 버리지 아니합니다. 보살은 또 비록 일부러 중생을 위해 모든 세간을 따르지마는 일체 출세간법을 항상 행합니다. 보살은 또 비록 일체 장엄하는 일이 천신이나 제석천이나 범천왕과 사천왕이 가진 것보다 훨씬 뛰어나지마는 법을 좋아하는 마음을 버리지 않습니다.

이것이 보살이 세간과 출세간에 걸리지 아니하면서 세간사와 출세간사를 마음껏 펼쳐 보이는 지혜 방편입니다.

대방광불화엄경 강설 제38권

二十六. 십지품十地品 5

보살은 불심佛心의 화신입니다. 보살은 또한 보리심菩提心의 화신입니다. 진정한 보살은 부처님과 보살들이 상상할 수 있는 최상의 부처님 마음, 즉 자비심慈悲心 그 자체입니다. 보살은 일체 몸이라는 생각과 분별을 멀리 여의고 평등한 자비심에 머물러 있습니다. 그러므로 보살은 고정된 몸이 없습니다. 오로지 넘쳐나는 자비심이 있을 뿐입니다.

그래서 필요하다면 보살은 중생인 몸과 국토인 몸과 업으로 받는 몸이 되기도 합니다. 또한 성문의 몸과 독각의 몸과 보살의 몸과 여래의 몸이 되기도 합니다. 또한 지혜의 몸과 법인 몸과 허공인 몸이 되기도 합니다. 감당할 수 없는 대자대비가 무엇인들 되지 않겠습니까.

산천초목과 삼라만상이 그대로 보살의 대자대비한 몸의 현현입니다. 미세먼지와 작은 세포에서부터 드넓은 우주의 무수한 별들까지 모두가 보살의 대자대비가 천변만화千變萬化한 것입니다. 그러므로 산천초목과 삼라만상과 무한한 우주의 무한한 별들이 모두 보살의 불심佛心입니다. 또한 보살의 보리심菩提心입니다. 우리들의 사대육신과 눈과 귀와 코도 모두 보살의 대자대비 그 자체입니다. 부디 대자대비로 삽시다.

대방광불화엄경 강설 제39권

二十六. 십지품十地品 6

드디어 십지十地의 마지막 법운지法雲地를 설합니다. 법운지 보살은 여래를 대신해서 여래의 책임과 의무를 빠짐없이 다 수행하는 보살입니다. 그러므로 제10 법운지 보살은 곧 여래이십니다.

하늘의 채녀婇女들도 한량이 없어
부처님께 환희하게 공양하지 않는 이 없고
가지가지 묘한 음악 연주를 하여
모두 다 이런 말로 부처님을 찬탄하도다.

부처님 몸은 한 국토에 앉아 계시나
일체 세계에 여러 몸을 다 나타내시니
그 몸매가 아름답게 장엄한 것이 한량이 없어
넓고 큰 법계에 모두 충만하도다.

한 모공毛孔 속에서 광명을 놓아
세간의 어두운 번뇌 두루 다 없애니
국토의 작은 먼지 수는 헤아려 알 수 있지만
이 광명의 수는 헤아려서 알 수 없도다.

혹은 여래의 온갖 형상 모두 갖추고
가장 높은 바른 법륜法輪 굴림을 보며
혹은 여러 세계에 다니심을 보기도 하고
혹은 고요하여 움직이지 않음을 보도다.

어떤 때는 도솔천궁에 계심을 보고
어떤 때엔 내려와서 모태母胎에 들고
혹은 태胎에 머물다가 혹은 나와서

한량없는 국토에서 모두 보게 하도다.

어떤 때는 집을 떠나 도道를 닦다가
어떤 때는 도량에서 정각을 이루고
어떤 때는 설법하고 열반 드심을
시방세계 중생들이 다 보게 하도다.

七會

부처님께서
2회 보광명전에서 설하신
일곱 번째 설법

대방광불화엄경 강설 제40권

二十七. 십정품+定品 1

그때에 세존께서 마갈제국 아란야 법法 보리도량에서 비로소 정각正覺을 이루시고, 보광명전普光明殿에서 찰나제 제불삼매刹那際諸佛三昧에 드시었습니다. 세존께서 삼매에 드시니 증득하신 바의 일체 지혜 자체의 신통한 힘으로 여래의 몸을 나타내었습니다.

여래의 몸은 몸이지만 텅 비어 청정하므로 무엇에도 걸림이 없었습니다. 또 여래의 몸은 몸이지만 텅 비어 청정하므로 어디에도 의지할 데가 없으며 무엇과도 반연할 것이 없었습니다. 또 여래의 몸은 몸이지만 텅 비어 청정하므로 사마타奢摩他에 머물러서 지극히 고요하고 또 고요합니다.

그러나 큰 위엄과 덕을 갖추고 계시면서도 어디에도 물들고 집착하는 것이 없었습니다. 그래서 여래의 청정한 몸을 친견하는 사람은 모두 다 저절로 깨달음을 얻었습니다. 그러므로 알맞은 때를 맞춰서 세상에 출현하시어 중생들을 교화할 시기를 놓치지 아니합니다.

이러한 여래의 몸으로서 항상 한 가지 모양에 머무시니, 이른바 모양 없는 몸입니다. 시회대중時會大衆은 보는 것이 없는 것으로 여래를 보시고[無見而見] 깨달음을 얻으소서.

대방광불화엄경 강설 제41권

二十七. 십정품+定品 2

불교에서는 가장 바람직한 수행을 선정과 지혜를 쌍으로 닦는 정혜쌍수定慧雙修라고 합니다. 그래서 무수히 많은 불교 수행자들이 선정을 성취하여 지혜의 광명을 발휘하려고 합니다. 십정품+定品에서는 참다운 선정을 성취한 보살 수행자는 이와 같은 사람이라고 밝히고 있습니다.

"불자여, 만일 보살마하살이 이 일체 세계의 부처님 장엄을 아는 큰 삼매를 성취하면 이는 스승이 없는 사람이니 남의 가르침을 받지 않고도 스스로 모든 부처님의 법에 들어간 까닭이니라. 또 이는 대장부이니 일체 중생을 능히 깨우치는 까닭이니라. 또 이는 청정한 이니 마음의 성품이 본래로 청정함을 아는 까닭이니라.

또 이는 제일가는 이니 모든 세간을 건지어 해탈케 하는 까닭이니라. 또 이는 편안하게 위로하는 이니 일체 중생을 알도록 일러 주는 까닭이니라. 또 이는 편안히 머무는 이니 부처님의 종성種性에 머물지 못한 이를 머물게 하는 까닭이니라. 또 이는 진실하게 아는 이니 온갖 지혜의 문에 들어간 까닭이니라.

또 이는 다른 생각이 없는 이니 말하는 것이 둘이 없는 까닭이니라. 또 이는 법장法藏에 머무는 이니 온갖 부처님 법 알기를 서원하는 까닭이니라. 또 이는 법의 비를 내리는 이니 중생들의 좋아함을 따라 모두 만족게 하는 까닭이니라."

진정한 선정은 이와 같습니다. 수년 동안 선정을 닦고 있다면 경전에서 열거한 이 열 가지 가운데 한 가지만이라도 자신의 선정이 되어야 할 것입니다.

대방광불화엄경 강설 제42권

二十七. 십정품十定品 3

영명연수永明延壽 선사는『만선동귀집萬善同歸集』에서 수행
자가 보리심을 발하여 불도佛道를 구하려고 육바라밀 등 여
러 가지 수행을 하더라도 치우치거나 집착하지 말고 원융자
재하게 하도록 이와 같이 가르치셨습니다.

"보리심을 발하되 발하는 것 없이 발할 것이며
불도佛道를 구하되 구하는 것 없이 구할지니라.
미묘한 수행은 행하는 것 없이 행하며
참다운 지혜는 짓는 것 없이 저절로 짓느니라.

연민의 마음을 일으키되 나와 한몸임을 깨닫고
인자함을 행하되 인연이 없는 곳까지 깊이 이르라.
주는 바 없이 보시를 행하며
지키는 바 없이 계를 지키라.

정진을 닦되 한 생각도 일어나지 않음을 알고
인욕을 닦되 손상됨이 없음을 알라.
반야는 경계가 생멸이 없음을 아는 것이며
선정은 마음이 머물지 않음을 아는 것이다.

몸이 없음을 보되 모양을 잘 갖추고
말할 것이 없는 이치를 알고 법을 설하라.
물에 비친 달그림자와 같은 도량을 건립하고
본성이 텅 빈 세상을 잘 장엄하라.

환영과 같은 공양거리를 많이 장만하여
그림자와 같은 여래에게 공양 올리라.
참회는 죄가 본래 없는 줄을 알고 하며

법신은 영원하지만 오래 머물기를 권청하라.

회향은 얻을 것이 없는 줄을 알고 하며
누구에게나 복은 진여와 같지만 따라서 기뻐하라.
남을 찬탄하나 너도 나도 텅 비어 없는 것,
부처님과 중생이 평등함을 발원하고

그림자와 같은 법회에 예배하고 동참하며
도량을 거닐되 발은 늘 허공을 밟으라.
향을 사르되 생멸이 없는 이치를 잘 알고
경전을 독송하되 존재의 실상을 깊이 통달하라.

꽃을 뿌리는 것은 집착이 없는 이치를 나타내는 것이며
손가락을 튕기는 것은 번뇌를 버리는 것을 표현한 것이다.
메아리와 같은 육바라밀을 행하고
허공 꽃과 같은 만 가지 덕행을 닦으라.

인연으로 생멸하는 성품 바다에 깊이 들어가

환영과 같은 법문에서 항상 노닐라.
본래 물들지 않는 번뇌를 맹세코 끊어
유심정토에 태어나기를 발원하라.

실제적인 이치의 땅을 밟고
얻을 것이 없는 관법의 문[觀門]에 출입하라.
거울에 비친 그림자와 같은 마군을 항복받으며
꿈속의 불사佛事를 크게 지으라.

환영과 같은 중생들을 널리 제도하여
적멸한 보리를 다 함께 증득하라."

대방광불화엄경 강설 제43권

二十七. 십정품十定品 4

보살마하살이 연꽃 위에 가부좌하고 앉으시니 몸의 크기가 연꽃과 잘 어울리며, 모든 부처님이 신통한 힘으로 가피하여 보살들 몸의 낱낱 모공마다 백만억 나유타 말할 수 없는 세계의 작은 먼지 수 같은 광명을 내느니라.

낱낱 광명에서는 백만억 나유타 말할 수 없는 세계의 작은 먼지 수 같은 마니보배를 나타내고, 낱낱 마니보배에서는 백만억 나유타 말할 수 없는 세계의 작은 먼지 수 누각을 나타내고, 낱낱 누각에서는 백만억 나유타 말할 수 없는 세계의 작은 먼지 수 연화장 사자좌를 나타내었느니라.

낱낱 사자좌에서는 백만억 나유타 말할 수 없는 세계의

작은 먼지 수 광명을 나타내고, 낱낱 광명에서는 백만억 나유타 말할 수 없는 세계의 작은 먼지 수 색상을 나타내고, 낱낱 색상에서는 백만억 나유타 말할 수 없는 세계의 작은 먼지 수 광명바퀴를 나타내었느니라.

낱낱 광명바퀴에서는 백만억 나유타 말할 수 없는 세계의 작은 먼지 수 비로자나 마니꽃을 나타내고, 낱낱 꽃에서는 백만억 나유타 말할 수 없는 세계의 작은 먼지 수 꽃받침을 나타내고, 낱낱 꽃받침에서는 백만억 나유타 말할 수 없는 세계의 작은 먼지 수 부처님을 나타내고, 낱낱 부처님은 백만억 나유타 말할 수 없는 세계의 작은 먼지 수 신통변화를 나타내고, 낱낱 신통변화는 백만억 나유타 말할 수 없는 세계의 작은 먼지 수 중생을 청정하게 하고, 낱낱 중생들 가운데서는 백만억 나유타 말할 수 없는 세계의 작은 먼지 수 부처님의 자유자재하심을 나타내었느니라.

낱낱 자유자재함으로는 백만억 나유타 말할 수 없는 세계의 작은 먼지 수 불법佛法을 비처럼 내리고, 낱낱 불법에는 백만억 나유타 말할 수 없는 세계의 작은 먼지 수 수다라修多羅가 있고, 낱낱 수다라에서는 백만억 나유타 말할 수 없는 세계의 작은 먼지 수 법문을 설하고, 낱낱 법문에서는 백만억 나유타 말할 수 없는 세계의 작은 먼지 수 금강지혜金剛智慧로 들어갈 법륜法輪이 있는 것을 차별한 말로 각각 다르게 연설하고, 낱낱 법륜으로는 백만억 나유타 말할 수 없는 세계의 작은 먼지 수 중생세계를 성숙하게 하고, 낱낱 중생세계에는 백만억 나유타 말할 수 없는 세계의 작은 먼지 수 중생이 있어 불법 가운데서 조복함을 얻었느니라.

대방광불화엄경 강설 제44권

二十八. 십통품+通品
二十九. 십인품+忍品

　보살에게는 다른 이의 마음을 잘 아는 지혜 신통이 있습니다. 보살에게는 모든 것을 걸림 없이 다 보는 천안의 지혜 신통이 있습니다. 보살에게는 과거의 일을 다 아는 지혜 신통이 있습니다. 보살에게는 미래의 일을 다 아는 지혜 신통이 있습니다.

　보살에게는 모든 소리를 걸림 없이 다 듣는 지혜 신통이 있습니다. 보살에게는 일체 세계에 마음대로 다 가는 지혜 신통이 있습니다. 보살에게는 일체 말을 잘 분별하는 지혜 신통이 있습니다.

보살에게는 무수한 몸의 모습을 다 나타내는 지혜 신통이 있습니다. 보살에게는 일체 법을 다 아는 지혜 신통이 있습니다. 보살에게는 일체 법이 사라져 없어지는 삼매에 들어가는 지혜 신통이 있습니다.

「십통품十通品」

비유하면 세상의 어떤 사람이
보배 창고가 있음을 듣고는
찾을 수 있다고 해서
마음에 큰 환희를 내도다.

이와 같이 큰 지혜 있는 보살이
참으로 부처님의 아들이라
모든 부처님 법의 깊고도 깊은
적멸한 이치를 듣고 또 듣도다.

이 깊고 깊은 법을 들었을 때
그 마음이 편안해지고

놀라지도 않고 무서워하지도 않으며
또한 두려워하지도 않도다.

큰 보살이 보리를 구할 때에
이 광대한 음성을 듣고
마음이 청정하여 능히 견디고 참아
이 법에 대하여 조금도 의심이 없도다.

「십인품十忍品」

대방광불화엄경 강설 제45권

광명에서 나타난 부처님 말할 수 없고
부처님이 설한 법문 말할 수 없고
법문 속의 묘한 게송 말할 수 없고
게송 듣고 생긴 지혜 말할 수 없도다.

말할 수 없는 지혜로 생각 생각 가운데서
참된 이치[眞諦] 드러냄 말할 수 없고
오는 세상에 나타나실 여러 부처님

법문을 연설하심 끝이 없도다.

낱낱 부처님 법 말할 수 없고
가지가지 청정함도 말할 수 없고
미묘하게 내는 음성 말할 수 없고
바른 법륜 굴리는 것도 말할 수 없네.

저러한 하나하나 법륜 가운데
수다라 연설함 말할 수 없고
저러한 하나하나 수다라에서
분별하는 법문도 말할 수 없도다.

저러한 하나하나 법문 가운데
모든 법문 또 설함을 말할 수 없고
저러한 하나하나 모든 법 중에
중생을 조복함도 말할 수 없네.

대방광불화엄경 강설 제46권

三十三. 불부사의법품佛不思議法品 1

불가사의하여라, 여래如來이시여!

불가사의하여라, 응공應供이시여!

불가사의하여라, 정변지正遍知이시여!

불가사의하여라, 명행족明行足이시여!

불가사의하여라, 선서善逝이시여!

불가사의하여라, 세간해世間解이시여!

불가사의하여라, 무상사無上士이시여!

불가사의하여라, 조어장부調御丈夫이시여!

불가사의하여라, 천인사天人師이시여!

불가사의하여라, 불세존佛世尊이시여!

아무리 불가사의하다 한들 어찌 그 공덕을 다 찬탄할 수
있겠습니까?

불가사의하여라.

불가사의하여라.

오직 불가사의할 뿐입니다.

대방광불화엄경 강설 제47권

三十三. 불부사의법품佛不思議法品 2

장소와 모습과 시간에 따라 불사를 짓습니다. 불자여, 일체 모든 부처님이 혹은 아란야에 있으면서 불사를 짓습니다. 혹은 고요한 곳에 머물면서 불사를 짓습니다. 혹은 텅비고 한가한 곳에 있으면서 불사를 짓습니다. 혹은 부처님이 머무는 곳에 있으면서 불사를 짓고, 혹은 삼매에 머물러서 불사를 짓고, 혹은 동산의 숲에 혼자 머물면서 불사를 짓고, 혹은 몸을 감추고 나타나지 않으면서 불사를 짓습니다.

혹은 깊은 지혜에 머물러서 불사를 짓고, 혹은 모든 부처님의 견줄 데 없는 경계에 머물면서 불사를 짓고, 혹은 다

볼 수 없는 여러 가지 몸과 행에 머물러서 모든 중생들의 마음과 좋아함과 지혜를 따라서 방편으로 교화하기를 쉬지 아니하면서 불사를 짓습니다.

혹은 천신의 몸으로 일체 지혜를 구하면서 불사를 짓고, 혹은 용의 몸과 야차의 몸과 건달바의 몸과 아수라의 몸과 가루라의 몸과 긴나라의 몸과 마후라가의 몸과 사람인 듯 아닌 듯한 이들의 몸으로 일체 지혜를 구하면서 불사를 짓습니다. 혹은 성문의 몸과 독각의 몸과 보살의 몸으로 일체 지혜를 구하면서 불사를 짓기도 합니다.

어떤 때는 법을 말하고 어떤 때는 고요히 하여 불사를 짓고, 혹은 한 부처님을 말하고 혹은 여러 부처님을 말하여 불사를 짓습니다. 혹은 여러 보살의 일체 행과 일체 원으로 한 행과 한 원을 삼는다 말하여 불사를 짓고, 혹은 모든 보살의 한 행과 한 원으로 한량없는 행과 원을 삼는다 말하여 불사를 짓습니다.

혹은 부처님의 경계가 곧 세간의 경계라 말하여 불사를 짓고, 혹은 세간의 경계가 곧 부처님의 경계라 말하여 불사를 짓고, 혹은 부처님의 경계가 곧 경계가 아니라 말하여 불사를 짓습니다.

혹 하루를 머물고, 혹 하룻밤을 머물고, 혹 반 달을 머물고, 혹 한 달을 머물고, 혹 일 년을 머물고, 내지 말할 수 없는 겁을 머물면서 모든 중생을 위하여 불사를 짓나니, 이것이 광대한 불사입니다.

대방광불화엄경 강설 제48권

三十四. 여래십신상해품如來十身相海品
三十五. 여래수호광명공덕품如來隨好光明功德品

불교에서는 흔히 "무릇 형상이 있는 것은 모두 허망하다. 만약 형상을 형상이 아닌 것으로 보면 곧 여래를 본다."라고 하면서 한편으로는 32상相과 80종호種好를 말하고 다시 97종의 수승한 공덕의 상호로서 거룩한 모습인 대인상大人相이 있다고 하였습니다. 그 97종의 거룩한 모습을 하나하나 열거하여 보여 주고 있는 것이 곧 이 여래십신상해품如來十身相海品입니다.

불교에서는 눈과 귀와 코와 혀와 몸뚱이 등등이 본래로 없음을 철저히 알면서 온갖 형상을 다 갖추어야 하며, 또한 비록 온갖 형상을 다 갖추더라도 눈과 귀와 코와 혀와 몸 뚱이 등등이 본래로 없음을 꿰뚫어 보아야 형상을 바로 보는 것입니다. 그렇다면 97종뿐만 아니라 97억의 형상을 갖추더라도 또한 걸림이 없을 것입니다. 이것이 여래의 원만한 형상의 바다가 되는 것이며, 중생 여래가 마음껏 꾸미고 장엄을 하더라도 허물이 되지 않는 이치입니다.

또한 여래수호광명공덕품如來隨好光明功德品에서는 여래에게 갖추어져 있는 잘생긴 모습의 공덕을 설하였습니다.

그때에 세존께서 보수寶手보살에게 말씀하셨습니다. "불자여, 여래 응공 정등각에게 따라서 잘생긴 모습[隨好]이 있으니 이름이 원만왕圓滿王이요, 따라서 잘생긴 모습에서 큰 광명이 나오니 이름이 치성熾盛이라. 칠백만 아승지 광명으로 권속이 되었느니라."

여래수호광명공덕如來隨好光明功德이란 여래께서 본래로 갖추고 있는 상호에 따른 잘생긴 모습의 광명과 공덕입니다. 여래의 지혜 광명과 공덕은 아무리 찬탄하고 설명하더라도 다할 수 없습니다.

대방광불화엄경 강설 제49권

三十六. 보현행품普賢行品

다행히 불법 만나 사람이 되어
다겁多劫을 수행하여 성불成佛에 가깝더니
병중病中에 있는 이에게 솔바람이 불어와서
진심瞋心을 한 번 내고 뱀이 되었소.

천당과 불찰과 지옥이 따로 있겠소.
오직 마음으로 지어서 이뤄진 것을.
나도 일찍이 비구 스님이었으나
뱀의 몸을 받고 보니 한이 많습니다.

이 몸이 부서져서 가루가 되더라도
다시는 진심을 안 내려 하오.
스님이 만약 다른 곳에 가거든
나의 말을 전하여 경계해 주소.

정신은 멀쩡하나 말을 할 수 없어서
꼬리로 글을 써서 진정을 알리노니
스님은 이 글을 벽에 써 붙이고
진심이 많은 사람 처다보게 하시오.

마음에 성 안 내면 참다운 보시요
입 가운데 성 안 내면 미묘한 향이요
얼굴에 성 안 내면 참다운 공양이요
기쁨도 성냄도 없으면 진상도리眞常道理인가 하오.

금강산 돈도암頓道庵 홍도弘道 비구 씀

대방광불화엄경 강설 제50권

三十七. 여래출현품如來出現品 1

열 가지 힘[十力] 크신 영웅 가장 높으며

허공과 같아서 같을 이 없이 같네.

경계가 넓고 커서 측량 못하니

공덕이 제일이며 세간을 초월했도다.

열 가지 힘의 공덕은 한량이 없어

마음으로 생각해도 못 미치나니

사람 중 사자의 한 가지 법을

중생들은 억겁에도 알지 못하도다.

시방국토를 다 부수어 만든 먼지는
계산하여 그 수효 알 수 있을지라도
여래의 한 털끝에 있는 공덕은
천만억 겁 말하여도 다할 수 없도다.

어떤 사람이 자를 들고 허공을 재는데
다른 이는 따라가며 그 수효를 세어도
허공이 끝난 데를 찾을 수 없듯이
여래의 경계도 또한 그와 같도다.

혹 어떤 이가 찰나 동안에
세 세상 중생 마음 다 안다 하더라도
중생 수효 같은 겁을 지내면서도
부처님의 찰나 성품 알지 못하도다.

비유하면 법계가 일체에 두루 하지만
그를 보고 일체라고 할 수 없듯이
열 가지 힘 경계도 그와 같아서

일체에 두루 하나 일체가 아니로다.

진여眞如는 허망 떠나 항상 고요해
생도 없고 멸도 없이 두루 하나니
부처님의 경계도 그와 같아서
자체 성품 평등하여 증감 없도다.

비유하면 실제實際라도 실제가 아니면서
세 세상에 두루 하나 두루 한 것 아니듯이
도사導師님의 경계도 그와 같아서
세 세상에 두루 하여 걸림 없도다.

법의 성품 지음 없고 변치도 않아
마치 허공이 본래 청정하듯이
부처님의 성품이 청정함도 그와 같아서
본성품은 성품이 아니라 유와 무를 떠났도다.

법의 성품 언론言論에 있지 않나니

말이 없고 말을 떠나 항상 고요해
열 가지 힘의 경계 성품 그와 같아서
일체의 글과 말로 분별하지 못하도다.

법의 성품 적멸한 줄 분명히 아나
허공에 나는 새의 자취 없듯이
본서원의 힘으로 육신을 나타내어
여래의 신통변화 보게 하도다.

대방광불화엄경 강설 제51권

三十七. 여래출현품如來出現品 2

모든 부처님 마음을 알고자 하면
마땅히 부처님의 지혜 자세히 보라.
부처님의 지혜 의지할 곳 없는 것이
마치 허공이 의지할 곳 없음과 같도다.

중생들의 갖가지 즐거움과
그 밖의 모든 방편과 지혜가
모두 다 부처님의 지혜를 의지했지만
부처님의 지혜는 의지함이 없도다.

성문이나 독각이나
여러 부처님 모든 해탈이
모두 법계를 의지했지만
법계는 늘거나 주는 일 없어

부처님의 지혜도 그와 같아서
일체 지혜를 내지마는
더함도 없고 덜함도 없으며
나지도 않고 또한 다함도 없도다.

땅 속 깊이 흐르는 물을
구하여 얻지 못함이 없으나
생각도 없고 다함도 없어서
공덕의 힘이 시방에 두루 하듯이

부처님의 지혜도 그와 같아서
중생들의 마음에 두루 있어서
만약 부지런히 수행만 하면

지혜의 광명을 빨리 얻으리라.

용龍에게 네 개의 구슬이 있어
온갖 보배를 내지마는
깊고 비밀한 곳에 있어서
보통 사람은 보지 못하듯이

부처님의 네 가지 지혜도 그와 같아서
온갖 지혜를 내지마는
다른 사람은 보지 못하고
오직 대보살들만 보느니라.

바다에 네 개의 보배가 있어
온갖 물들을 빨아먹어서
바다의 물이 넘치지 않고
또한 늘거나 주는 일 아주 없듯이

여래의 지혜도 그와 같아서

번뇌의 물결 쉬고 법의 애착 제거해
넓고도 커서 그지없으며
부처님과 보살들을 능히 내느니라.

하방下方과 유정천有頂天과
욕계와 색계와 무색계가
모두 허공을 의지했지만
허공은 분별이 없듯이

성문이나 독각이나
보살 대중의 모든 지혜가
모두 부처님의 지혜를 의지했지만
부처님의 지혜는 분별이 없도다.

설산에 있는 약나무 이름을
다하지 않는 뿌리[無盡根]라 하여
모든 나무의 뿌리와 줄기와
잎과 꽃과 열매를 내나니

부처님의 지혜도 그와 같아서
여래의 종자 속에서 나고
보리를 이미 얻고 나서는
다시 보살의 행行을 내도다.

어떤 사람이 마른풀을 손으로 잡아
세계가 타는 불[劫燒]에 넣으면
금강산도 오히려 활활 타는데
이 마른풀이 타지 않을 리 없도다.

세 세상 겁劫과 모든 세계와
그 가운데 있는 여러 중생들
저 마른풀은 설사 타지 않는다 해도
부처님은 모르는 것이 없도다.

큰 바람 이름을 산괴散壞라 하여
대천세계를 능히 깨뜨리는데
만약 다른 바람이 막지 않으면

한량없는 세계를 다 파괴하리니

큰 지혜 바람도 그와 같아서
모든 보살의 의혹을 소멸할제
훌륭하고 교묘한 바람 따로 있어서
여래의 지위에 머물게 하도다.

예컨대 여기에 크나큰 경전經典이 있어
삼천세계와 그 분량이 같지마는
한 작은 티끌 속에 있으며
일체 티끌도 모두 그러해

어떤 총명한 사람이 있어
맑은 눈으로 분명히 보고
티끌 쪼개고 경전을 꺼내어
여러 중생을 모두 이익되게 하듯이

부처님의 지혜도 그와 같아서

중생들의 마음에 두루 있지만
허망한 생각에 얽힌 바 되어
알지 못하고 깨닫지 못하거든

여러 부처님이 크신 자비로
허망한 생각 없게 하려고
이와 같이 세상에 출현하시어
모든 보살을 이익되게 하도다.

대방광불화엄경 강설 제52권

三十七. 여래출현품如來出現品 3

마음의 경계가 한량없듯이
부처님의 경계도 또한 다시 그러해
마음의 경계 뜻으로부터 났듯이
부처님의 경계를 이와 같이 관찰할지니라.

용왕이 본고장을 떠나지 않고
마음의 위력으로 큰비 내리니
빗물은 오고 가는 곳이 없어도
용왕의 마음 따라 흡족히 적시듯이

열 가지 힘 모니牟尼도 그와 같아서
오는 데도 없으며 가는 데도 없으나
깨끗한 마음 있으면 몸을 나타내어
법계처럼 큰 것이 모공에 들어가도다.

바다의 진기한 보물이 한량없거든
중생과 땅덩이도 그와 같으며
물의 성품 한 맛으로 차별 없으나
그 속에 사는 것은 이익이 각각이듯이

여래의 지혜 바다도 그와 같아서
일체 모든 것이 한량이 없어
배우는 이, 다 배운 이, 지위에 머문 이
모두 다 그 가운데서 이익 얻도다.

八會

부처님께서
3회 보광명전에서 설하신
여덟 번째 설법

제38 이세간품

대방광불화엄경 강설 제53권

三十八. 이세간품離世間品 1

구름 일듯 일어나는 이백 가지 질문에

병에서 쏟아붓듯 이천 가지 대답이여

운흥이백문雲興二百問에 병사이천답瓶瀉二千答이라.

무엇이 도솔천에 계시면서 짓는 업이며

어째서 도솔천궁에서 없어지며

어째서 태에 들어감을 나타냄이며

무엇이 미세한 길을 나타냄이며

어째서 처음 태어남을 나타냄입니까?

어째서 미소를 나타내며

어째서 일곱 걸음을 걸으며

어째서 동자의 지위를 나타내며

어째서 궁전에 있음을 나타내며

어째서 출가함을 나타냅니까?

어째서 고행함을 보이며

어떻게 도량에 나아가며

어떻게 도량에 앉으며

무엇이 도량에 앉았을 때의 특수한 모습이며

어떻게 마군을 항복받음을 보입니까?

무엇이 여래의 힘을 이룸이며

어떻게 법륜을 굴리며

어째서 법륜 굴림을 인하여 깨끗한 법[自淨法]을 얻음이며

어째서 여래 응공 정등각께서 열반에 드심을 보이십니까?

훌륭하신 불자시여,

이와 같은 법들을 원컨대 연설하여 주십시오.

대방광불화엄경 강설 제54권

三十八. 이세간품離世間品 2

불자여, 보살마하살은 열 가지 공원이 있으니
무엇이 열인가.

이른바 나고 죽음이 보살의 공원이니
싫어서 버림이 없는 연고이니라.

중생을 교화함이 보살의 공원이니
지치거나 게으르지 않은 연고이니라.

일체 겁에 머무름이 보살의 공원이니
모든 큰 행을 포섭하는 연고이니라.

청정한 세계가 보살의 공원이니
스스로 머무는 곳인 연고이니라.

일체 마魔의 궁전이 보살의 공원이니

저 무리들을 항복받는 연고이니라.

들은 법을 생각함이 보살의 공원이니

이치와 같이 관찰하는 연고이니라.

여섯 가지 바라밀다와 네 가지 거두어 주는 일과

서른일곱 가지 보리의 부분법이 보살의 공원이니

인자한 아버지의 경계를 이어받는 연고이니라.

열 가지 힘과 네 가지 두려움 없음과

열여덟 가지 함께하지 않는 법과

내지 모든 부처님의 법이 보살의 공원이니

·다른 법을 생각지 않는 연고이니라.

모든 보살의 위엄과 자유자재한 신통을 나타냄이

보살의 공원이니

큰 신통한 힘으로 바른 법륜을 굴리어

중생 조복함을 쉬지 않는 연고이니라.

잠깐 동안에 모든 곳에서 일체 중생에게

바른 깨달음 이루는 일을 보이는 것이 보살의 공원이니

법신이 온 허공의 모든 세계에 두루 한 연고이니라.

이것이 열이니라. 만일 모든 보살이 이 법에 편안히 머물면
여래의 위없는 근심을 여읜 크게 안락한 행을 얻느니라.

대방광불화엄경 강설 제55권

三十八. 이세간품離世間品 3

불자여, 보살마하살은 열 가지 구경의 큰 일이 있으니
무엇이 열입니까.

이른바 모든 여래께 공경하고 공양하는
구경의 큰 일이 있습니다.

중생을 생각하는 대로 모두 구호하는
구경의 큰 일이 있습니다.

모든 불법을 오로지 구하는 구경의 큰 일이 있습니다.

모든 선근을 쌓아 모으는 구경의 큰 일이 있습니다.

모든 불법을 생각하는 구경의 큰 일이 있습니다.

모든 서원을 만족하는 구경의 큰 일이 있습니다.

모든 보살의 행을 성취하는 구경의 큰 일이 있습니다.

모든 선지식을 받들어 섬기는 구경의 큰 일이 있습니다.

일체 세계의 모든 여래가 계시는 데 나아가는

구경의 큰 일이 있습니다.

일체 모든 부처님의 바른 법을 듣고 지니는

구경의 큰 일이 있습니다.

이것이 열입니다. 만일 모든 보살이 이 법에 편안히 머물면

아뇩다라삼먁삼보리의 큰 지혜인

구경의 큰 일을 얻을 것입니다.

대방광불화엄경 강설 제56권

三十八. 이세간품離世間品 4

불자여, 보살마하살은 열 가지 힘이 있으니
무엇이 열인가.

이른바 깊은 마음의 힘이니
모든 세상의 정情에 섞이지 않은 연고이니라.

더 올라가는 깊은 마음의 힘이니
모든 불법을 버리지 않는 연고이니라.

방편의 힘이니 모든 짓는 일을 성취[究竟]하는 연고이니라.

지혜의 힘이니 일체 마음의 행을 아는 연고이니라.

원하는 힘이니
모든 구하는 바를 만족게 하는 연고이니라.

실천하는[行] 힘이니

오는 세월이 끝나도록 끊어지지 않는 연고이니라.

올라타는 힘[乘力]이니

모든 탈것을 내지마는 대승을 버리지 않는 연고이니라.

신통변화의 힘이니 낱낱 모공 속에서

모든 청정한 세계와 일체 여래께서 세상에 출현하심을

각각 나타내는 연고이니라.

보리의 힘이니 일체 중생으로 하여금

발심하고 성불하여 끊어짐이 없게 하는 연고이니라.

법륜을 굴리는 힘이니 한 구절의 법을 말하여도

일체 중생의 모든 근성과 욕망에 맞는 연고이니라.

이것이 열이니, 만일 모든 보살이 이 법에 편안히 머물면

모든 부처님의 위없는 일체 지혜의 열 가지 힘을 얻느니라.

대방광불화엄경 강설 제57권

三十八. 이세간품離世間品 5

불자여,

보살마하살은 열 가지 불법을 잃어버리는 일이 있으니

마땅히 멀리 여의어야 하느니라. 무엇이 열인가.

이른바 선지식을 가벼이 여기어 불법을 잃어버리느니라.

생사의 괴로움을 두려워하여 불법을 잃어버리느니라.

보살행 닦기를 싫어하여 불법을 잃어버리느니라.

세간에 있기를 즐겨하지 아니하여 불법을 잃어버리느니라.

선정과 삼매에 탐착하여 불법을 잃어버리느니라.

선근에 집착하여 불법을 잃어버리느니라.

정법을 비방하여 불법을 잃어버리느니라.

보살의 행을 끊어서 불법을 잃어버리느니라.

성문이나 독각의 도道를 즐기어 불법을 잃어버리느니라.

모든 보살들을 싫어하여 불법을 잃어버리느니라.

이것이 열이니라.

만일 모든 보살이 이 열 가지 법을 멀리 여의면

곧 보살의 생멸을 떠난 길[離生道]에 들어가느니라.

대방광불화엄경 강설 제58권

三十八. 이세간품離世間品 6

불자여, 보살마하살은 열 가지 청정한 참음[忍]이 있으니
무엇이 열입니까.

이른바 헐뜯고 욕되게 하는 것을 잘 받아들이는
청정한 참음이니 모든 중생을 보호하는 연고입니다.

칼과 몽둥이를 잘 받아들이는 청정한 참음이니
나와 남을 잘 보호하는 연고입니다.

성을 내지 않는 청정한 참음이니
그 마음이 흔들리지 않는 연고입니다.

비천한 이를 책망하지 않는 청정한 참음이니
윗사람이 되어 능히 너그러운 연고입니다.

귀의하는 이를 다 구제해 주는 청정한 참음이니
자기의 신명을 버리는 연고입니다.
아만을 멀리 여의는 청정한 참음이니
늦게 배우는 이를 업신여기지 않는 연고입니다.
해치고 훼방해도 성내지 않는 청정한 참음이니
환영과 같은 줄로 관찰하는 연고입니다.
침범함이 있어도 갚지 않는 청정한 참음이니
나와 남을 보지 않는 연고입니다.
번뇌를 따르지 않는 청정한 참음이니
모든 경계를 여의는 연고입니다.
보살의 진실한 지혜를 따라
모든 법이 생멸이 없음을 아는 청정한 참음이니
다른 이의 가르침을 말미암지 않고
일체 지혜의 경계에 들어가는 연고입니다.
이것이 열이니, 만일 모든 보살이 이 가운데 편안히 머물면
일체 모든 부처님의 다른 이를 말미암지 않고 깨닫는
위없는 법의 참음을 얻습니다.

대방광불화엄경 강설 제59권

三十八. 이세간품離世間品 7

보살은 연꽃과 같아서
자비는 뿌리가 되고 편안함은 줄기가 되며
지혜는 꽃술이요
계율은 깨끗한 향기로다.

부처님이 법의 광명을 놓아
그 연꽃 피게 하나니
세상의 물에는 묻지 않으며
보는 이는 모두 다 기뻐하더라.

보살은 미묘한 법의 나무라
정직한 마음 땅에서 생겨나나니
신심은 종자 되고 자비는 뿌리 되며
지혜는 나무의 몸통이 되도다.

방편은 나무의 가지가 되어
다섯 가지 바라밀은 한없이 무성하며
선정의 잎에는 신통의 꽃이 피고
일체 지혜의 열매가 주렁주렁 맺히도다.

수승하고 굳센 힘은 덩굴이 되어
늘어진 그늘 삼계三界를 다 덮도다.

보살은 우담바라 꽃
세상에서 만나기 어렵고
보살은 용맹한 장수
모든 마군을 항복받으며

보살이 굴리는 법륜은

부처님과 다르지 않고

보살의 등불은 어둠을 깨뜨려

중생들이 바른 길을 보도다.

九會

부처님께서
급고독원에서 설하신
아홉 번째 설법

제39 입법계품

대방광불화엄경 강설 제60권

三十九. 입법계품入法界品 1

석가모니 가장 높으신 세존

일체 공덕을 갖추시니

보는 이의 마음이 청정하며

큰 지혜에 회향하도다.

여래의 크신 자비로

세간에 출현하시어

널리 중생을 위하여

가장 높은 법륜을 굴리셨도다.

여래께서 수없는 겁 동안
부지런히 고행하여 중생을 위하셨으니
어찌하여 모든 세간들이
큰 스승의 은혜를 갚을 수 있으리오.

차라리 한량없는 겁 동안
모든 악도의 고통을 다 받을지언정
마침내 여래를 버리고
벗어나기를 구하지 않으리로다.

차라리 모든 중생을 대신하여
온갖 고통을 다 받을지언정
마침내 부처님을 버리고
안락을 구하지 않으리로다.

차라리 모든 악도에 있으면서
항상 부처님의 이름을 들을지언정
선한 길에 태어나 잠깐이라도

부처님 이름을 듣지 못함은 원치 않으리로다.

차라리 모든 지옥에 다 태어나
낱낱이 수없는 겁을 지낼지언정
마침내 부처님을 멀리 여의고
악도에서 벗어나기를 구하지 않으리로다.

일체 모든 악도에서 오래 있기를
어찌하여 원하는가.
여래를 친견하고
지혜를 늘리려 함이로다.

만약 부처님을 친견하면
일체 고통을 소멸하고
모든 여래의 큰 지혜 경계에
능히 들어가게 되도다.

만약 부처님을 친견하면

일체 장애를 다 떠나고
다함없는 복덕을 길러서
보리도菩提道를 성취하리라.

여래께서는 영원히
일체 중생의 의심을 끊고
그들이 좋아하는 마음을 따라서
모두 다 만족하게 하도다.

대방광불화엄경 강설 제61권

三十九. 입법계품入法界品 2

이때에 문수사리보살이 부처님의 위신력을 받들어 이 서다림逝多林 속의 모든 신통변화한 일을 거듭 펴려고 시방을 관찰하고 게송을 설하였습니다.

그대들은 응당 이 서다림을 보라.
부처님의 위신력으로 끝없이 넓고
일체 장엄을 다 나타내어
시방법계에 충만하였도다.

시방 일체 모든 국토의

그지없는 종류를 크게 장엄해
거기 있는 사자좌들 경계 가운데
온갖 모양 분명히 다 나타났도다.

모든 불자들의 모공에서
가지가지 장엄한 보배 불꽃 구름을 내며
여래의 미묘한 음성을 내어
시방의 모든 세계에 가득히 찼도다.

보배 나무 꽃에서 묘한 몸을 나타내니
그 몸의 색상이 범천왕과 같아
선정에서 일어나 걸어 다니나
오고 가는 거동이 항상 고요하도다.

여래의 하나하나 모공 속에서
부사의한 변화 몸을 항상 나타내니
모두 다 보현의 큰 보살 같아서
가지가지 모든 상호 장엄하였도다.

서다림 위에 있는 허공중에서
여러 가지 장엄으로 미묘한 소리를 내어
세 세상 모든 보살들이 닦아 이루신
일체 공덕 바다를 널리 설하도다.

서다림 속에 있는 모든 보배 나무가
또한 한량없이 미묘한 음성을 내어
일체 모든 중생의 갖가지 업의 바다가
제각기 차별함을 연설하도다.

서다림 속에 있는 여러 경계가
세 세상 모든 여래를 다 나타내어
저마다 큰 신통을 일으키는 일
시방의 세계 바다 미진수와 같도다.

시방에 널려 있는 모든 국토의
일체 세계 바다 미진수들이
여래의 모공에 다 들어가서

차례로 장엄함을 모두 보도다.

모든 장엄 속에서 나타난 부처님
중생과 같은 수로 세간에 가득하고
부처님마다 큰 광명을 모두 놓아서
가지가지로 마땅하게 중생을 교화하도다.

향 불꽃과 온갖 꽃과 보배 창고와
가지가지로 미묘하게 장엄한 구름
광대하여 허공과 같은 것이
시방의 모든 국토에 가득하도다.

시방세계 세 세상 모든 부처님의
여러 가지 장엄한 아름다운 도량
이 동산의 서다림 경계 가운데
가지가지 모양이 다 나타났도다.

일체 보현보살 모든 불자들

백천만겁 동안에 장엄한 세계

그 수효 한량없어 중생 수와 같거든

이 서다림 속에서 모두 다 보도다.

대방광불화엄경 강설 제62권

三十九. 입법계품入法界品 3

문수보살의 미묘한 지혜는 맑고 밝은 태양이어라.

중생들을 크게 불쌍히 여기는 마음은

미치지 않는 데가 없는 원만한 바퀴가 되어

중생들의 번뇌 바다를 다 말려 버리시나니

부디 저희들을 살펴 주소서.

문수보살의 미묘한 지혜는 맑고 밝은 달님이어라.

중생들을 크게 인자하게 여기는 마음은

때가 없는 바퀴가 되어

모든 이들을 남김없이 편안하게 하시나니

부디 저희들을 비춰 주소서.

문수보살의 미묘한 지혜는 온 법계를 통솔하는 왕이어라.
법의 보배로 길잡이 삼아 걸림이 없이 허공을 다니시나니
부디 저희들을 가르쳐 주소서.

문수보살은 복도 많고 지혜도 많은 대상大商의 주인이어라.
용맹하게 보리를 구하여 뭇 생명을 널리 이익하게 하나니
부디 저희들을 보호하여 주소서.

문수보살은 몸에는 인욕의 갑옷을 입고
손에는 지혜의 칼을 든 뛰어난 장군이어라.
무수한 마군들을 자재하게 항복받으시나니
부디 저희들을 구제하여 주소서.

문수보살은 법이 머무는 수미산 꼭대기이어라.
선정의 시녀들이 항상 모시어
미혹의 아수라를 소멸하시나니

제석천 대왕이여, 부디 저희들을 보살펴 주소서.

욕계와 색계와 무색계는 어리석은 범부의 집이요
미혹과 업은 지옥으로 가는 길의 원인이어라.
인자하신 문수보살께서 모두 조복하시나니
캄캄한 밤에 등불이 되어
부디 저희들이 가는 길을 밝게 비춰 주소서.

모든 나쁜 길이란 나쁜 길은 다 여의고
모든 착한 길이란 착한 길은 다 깨끗하게 하여
일체 세간을 초월하신 문수보살이시여,
부디 저희들에게 해탈의 문을 보여 주소서.

세상 사람들이 빠져 있는 뒤바뀐 고집인
항상하고 즐겁고 내가 있고 깨끗하다는 생각을
문수보살님은 지혜의 눈으로 모두 능히 떠나셨나니
부디 저희들에게 해탈의 문을 열어 주소서.

삿된 길과 바른 길을 잘 아시고
분별하는 마음 겁이 없으시나니
온갖 것 분명하게 다 아시는 문수보살님이시여,
부디 저희들에게 보리의 길을 보여 주소서.

문수보살님은 부처님의 바른 견해에 머물고
부처님의 공덕 나무를 기르며
부처님의 묘한 법의 꽃비 내리시나니
부디 저희들에게 보리의 길을 보여 주소서.

문수보살님이시여,
과거 미래 현재의 모든 부처님이 곳곳에 모두 다 두루 하여
마치 해가 세상에 뜬 것과 같으시나니
부디 저희들을 위하여 그 길을 말씀하여 주소서.

문수보살님이시여, 중생들의 온갖 업을 잘 아시고
업에 따라 가르치는 모든 수행의 길을 깊이 통달하셨나니
부디 저희들에게 대승의 가르침을 보여 주소서.

대방광불화엄경 강설 제63권

三十九. 입법계품入法界品 4

거룩하신 선지식善知識이시여,

저희들이 이제 선지식과 한데 모였으니

이것은 저희들이 광대하고 훌륭한 이익을 얻은 것입니다.

왜냐하면 선지식은 친견하기도 어렵고

선지식은 그 이름을 듣기도 어렵고

선지식은 세상에 나타나기도 어렵고

선지식은 받들어 섬기기도 어렵고

선지식은 가까이 모시기도 어렵고

신지식은 마주 대하여 뵙기도 어렵고

선지식은 만나기도 어렵고

선지식은 함께 있기도 어렵고

선지식은 기쁘게 하기도 어렵고

선지식은 따라다니기도 어려운데

저희들은 이제 만났사오니

이것은 훌륭한 이익을 얻은 것입니다.

이와 같은 선지식은 누구이며 어디에 계시는 분입니까.

지금 여기에서 마주하고 있는 대방광불화엄경이

곧 그와 같은 선지식입니다.

부디 지혜의 눈을 뜨고 달리 찾지 마십시오.

대방광불화엄경 강설 제64권

三十九. 입법계품入法界品 5

선재동자가 선지식을 친견하고 나서 그 앞에 나아가 오체

五體를 땅에 던져 절하고 이와 같이 말하였습니다.

"저는 이제 참다운 선지식을 만났습니다.

선지식은 일체 지혜에 나아가는 문이니

저로 하여금 진실한 도에 들게 하는 연고입니다.

선지식은 일체 지혜에 나아가는 법이니

저로 하여금 여래의 지위에 이르게 하는 연고입니다.

선지식은 일체 지혜에 나아가는 배[船]이니

저로 하여금 지혜 보배의 섬에 이르게 하는 연고입니다.

선지식은 일체 지혜에 나아가는 횃불이니

저로 하여금 열 가지 힘의 빛[十力光]을 내게 하는 연고입니다.

선지식은 일체 지혜에 나아가는 길이니

저로 하여금 열반의 성에 들어가게 하는 연고입니다.

선지식은 일체 지혜에 나아가는 등불이니

저로 하여금 평탄하고 험한 길을 보게 하는 연고입니다.

선지식은 일체 지혜에 나아가는 다리이니

저로 하여금 험난한 곳을 건너게 하는 연고입니다.

선지식은 일체 지혜에 나아가는 일산이니

저로 하여금 크게 인자한 그늘을 내게 하는 연고입니다.

선지식은 일체 지혜에 나아가는 눈이니

저로 하여금 법의 성품의 문을 보게 하는 연고입니다.

선지식은 일체 지혜에 나아가는 바다의 조수이니

저로 하여금 크게 가엾이 여기는 물[大悲水]을

만족하게 하는 연고입니다."

이와 같이 위대한 선지식은 곧 우리들이 눈앞에서 마주하
고 있는 대방광불화엄경이니 행주좌와行住坐臥와 어묵동정語
默動靜에서 한순간도 이 대방광불화엄경을 멀리하지 말기를
바랍니다.

대방광불화엄경 강설 제65권

三十九. 입법계품入法界品 6

이때에 선재동자는 선지식의 가르침은 마치 큰 바다와 같아서 큰 비를 받아들여도 싫어함이 없음을 관찰하고 이렇게 생각하였습니다.

'선지식의 가르침은 마치 봄 날씨와 같아서

모든 착한 법의 뿌리와 싹을 자라게 하며

선지식의 가르침은 마치 보름달과 같아서

비치는 곳마다 모두 서늘하게 하며

선지식의 가르침은 마치 여름의 설산雪山과 같아서

일체 모든 짐승들의 뜨거운 갈증을 없애 주며

선지식의 가르침은 연못에 비치는 해와 같아서

모든 착한 마음의 연꽃을 피게 하며

선지식의 가르침은 큰 보배의 섬과 같아서

가지가지 법의 보배로 그 마음을 충만하게 하며

선지식의 가르침은 염부 나무와 같아서

모든 복과 지혜의 꽃과 열매를 쌓아 모으며

선지식의 가르침은 큰 용왕과 같아서

허공에서 자유자재하게 유희하며

선지식의 가르침은 수미산과 같아서

한량없이 선한 법의 삼십삼천이 그 가운데 머무르며

선지식의 가르침은 마치 제석과 같아서

모든 대중이 둘러 호위하여 가려 버릴 이가 없고

능히 외도와 아수라 군중을 항복받는다.'라고 하여

이와 같이 생각하면서 점점 나아갔습니다.

대방광불화엄경 강설 제66권

三十九. 입법계품入法界品 7

저 모든 보살마하살은 높은 일산이 되나니,

자비한 마음으로 모든 중생을 두루 그늘 지어

덮어 주는 연고입니다.

저 모든 보살마하살은 행을 닦음[修行]이 되나니,

하품과 중품과 상품의 행을 평등하게 행하는 연고입니다.

저 모든 보살마하살은 큰 땅덩이가 되나니,

능히 자비한 마음으로

일체 모든 중생을 맡아 지니는 연고입니다.

저 모든 보살마하살은 보름달이 되나니,

복덕의 광명이 세간에 평등하게 나타나는 연고입니다.

저 모든 보살마하살은 청정한 해가 되나니,

지혜의 빛으로 모든 알아야 할 경계를 비추는 연고입니다.

저 모든 보살마하살은 밝은 등불이 되나니,

일체 중생의 마음속 모든 어두움을 깨뜨리는 연고입니다.

저 모든 보살마하살은 물을 맑히는 구슬[水淸珠]이 되나니,

일체 중생의 마음 가운데

속이고 아첨하는 혼탁함을 맑히는 연고입니다.

저 모든 보살마하살은 여의주가 되나니,

일체 중생의 소원을 다 만족하게 하는 연고입니다.

저 모든 보살마하살은 큰 바람이 되나니,

중생들로 하여금 빨리 삼매를 닦아서

일체 지혜의 큰 성중城中에 들어가게 하는 연고입니다.

대방광불화엄경 강설 제67권

三十九. 입법계품入法界品 8

선남자여, 저는 널리 세간에서 갖가지 방소方所와 갖가지 형상과 갖가지 행과 이해로 가지가지 길에 죽고 태어나나니, 일체 모든 길[一切諸趣]인 이른바 천신의 길과 용의 길과 야차의 길과 건달바 · 아수라 · 가루라 · 긴나라 · 마후라가 · 지옥 · 축생과 염라왕의 세계와 사람과 사람 아닌 이 등의 일체 모든 길입니다.

혹 여러 가지 소견에 빠지고, 혹 이승二乘을 믿고, 혹 대승의 길을 좋아하는 이와 같은 일체 모든 중생들 가운데서 저는 갖가지 방편과 갖가지 지혜의 문으로 이익되게 합니다.

이른바 혹 모든 세간의 갖가지 기술을 연설하여 온갖 공

교한 기술 다라니 지혜를 갖추게 합니다. 혹 네 가지로 거두어 주는 방편[四攝法]을 연설하여 일체 지혜의 길을 구족하게 하기도 합니다.

혹 모든 바라밀다를 연설하여 일체 지혜의 지위로 회향하게 하기도 합니다. 혹 큰 보리심을 칭찬하여 위없는 도의 뜻을 잃지 않게도 합니다. 혹 모든 보살의 행을 칭찬하여 부처님의 국토를 깨끗이 하고 중생을 제도하려는 소원을 만족하게도 합니다.

혹 모든 나쁜 짓을 하면 지옥 따위에 빠져 여러 가지 고통받는 일을 연설하여 나쁜 업을 싫어하게도 합니다. 혹 모든 부처님께 공양하고 모든 착한 뿌리를 심으면 일체 지혜의 과보를 얻는다고 연설하여 환희한 마음을 내게도 합니다.

혹 모든 여래 응공 정등각의 공덕을 찬탄하여 부처님의 몸을 좋아하고 일체 지혜를 구하게도 합니다. 혹 모든 부처님의 위엄과 공덕을 찬탄하여 부처님의 무너지지 않는 몸을 좋아하게도 합니다. 혹 부처님의 자유자재한 몸을 찬탄하여 여래의 가릴 수 없는 큰 위덕의 몸을 구하게도 합니다.

대방광불화엄경 강설 제68권

三十九. 입법계품入法界品 9

선지식은 곧 진여로부터 오신 진여자성 그 자체인 여래이십니다. 또 선지식은 모든 진리의 가르침을 설하여 일체 중생에게 번뇌의 열기를 식혀 주는 여름날의 시원한 비구름이십니다. 또 선지식은 한량없는 공덕을 닦아서 수미산보다 더 높이 쌓아 모으게 하는 창고이십니다.

또 선지식은 백천만겁에도 만나기 어려운 매우 귀한 분이십니다. 또 선지식은 여래가 갖추신 열 가지 힘[+力]을 갖추게 하는 더없는 보배의 원인이십니다. 또 선지식은 어리석은 세상의 캄캄한 어둠을 환하게 밝히는 다함없는 지혜의 횃불이십니다.

또 선지식은 한량없는 복덕을 길러 내는 복덕의 뿌리이며 그 새싹이십니다. 또 선지식은 일체 지혜를 갖추게 하는 그 첫 문이십니다. 또 선지식은 험난하고 막막한 인생 바다를 바른 길로 잘 안내하는 지혜로운 안내자이십니다. 또 선지식은 일체 지혜에 이르는 길을 낱낱이 살펴 주고 도와주는 시설물이며 도구이십니다.

이와 같은 선지식은 곧 우리들이 읽고 있는 이 화엄경입니다.

대방광불화엄경 강설 제69권

三十九. 입법계품入法界品 10

만약 믿고 이해하는 마음이 있으면

세 세상 부처님을 모두 보리니

그 사람 눈은 청정해서

능히 모든 부처님의 바다에 들어가리라.

그대는 모든 부처님의 몸을 보라.

청정한 모습으로 장엄하시고

잠깐 동안에 신통한 힘으로

법계에 가득하도다.

노사나 여래께서
도량에서 바른 깨달음 이루시고
모든 법계 가운데서
청정한 법륜을 굴리시도다.

여래는 법의 성품이
고요하여 둘이 없음을 아시나
청정한 모습으로 장엄한 몸을
모든 세간에 두루 보이시도다.

부처님의 몸 부사의하여
법계에 충만하시며
모든 세계에 널리 나타나시어
일체 중생들이 다 보도다.

부처님의 몸은 항상 광명을 놓아
모든 세계의 미진수 같으시니
가지각색 청정한 빛이

염념이 법계에 두루 하도다.

여래의 한 모공으로
부사의한 광명을 놓아
여러 중생에게 널리 비추어
그들의 번뇌를 소멸하게 하도다.

여래의 한 모공으로
끝이 없는 화신을 출생하사
법계에 가득하시어
중생들의 괴로움을 소멸하도다.

부처님이 하나의 묘한 음성을 내어
종류를 따라 다 알게 하시고
광대한 법을 널리 비처럼 내려서
보리심을 발하게 하도다.

부처님이 옛날 여러 가지를 수행하실 때

이미 저를 거두어 주셨으므로

그러므로 오늘날 여래께서

모든 세계에 널리 나타나심을 보도다.

대방광불화엄경 강설 제70권

三十九. 입법계품入法界品 11

이 뒤에도 차례차례로

다시 열 부처님이 출현하셨으니

처음 부처님은 법자재불法自在佛이고

둘째 부처님은 무애혜불無礙慧佛이며

셋째는 의해혜불意海慧佛이요

넷째는 중묘음불衆妙音佛이요

다섯째는 자재시불自在施佛이요

여섯째는 보현전불普現前佛이며

일곱째는 수락신불隨樂身佛이요

여덟째는 주승덕불住勝德佛이요

아홉째는 본성불本性佛이요

열째는 현덕불賢德佛이시니라.

수미산 미진수 겁 동안에

그 가운데 출현하신 여러 부처님이

널리 세간의 등불이 되시니

제가 모두 일찍이 공양하였습니다.

부처님 세계 미진수 겁에

그 가운데 출현하신 부처님들을

제가 다 일찍이 공양하고서

이제 이 해탈문에 들어갔습니다.

저는 한량없는 겁 동안

행을 닦아 이 도를 얻었습니다.

그대도 만약에 행을 닦으면

오래잖아 또한 마땅히 얻게 될 것입니다.

대방광불화엄경 강설 제71권

三十九. 입법계품入法界品 12

최초의 부처님은 법해뇌음광명왕法海雷音光明王이시고

다음의 부처님은 이구법광명離垢法光明이시며

다음의 부처님은 법륜광명계法輪光明髻이시고

다음의 부처님은 법일공덕운法日功德雲이시며

다음의 부처님은 법해묘음왕法海妙音王이었습니다.

또 다음의 부처님은 법일지혜등法日智慧燈이시고

다음의 부처님은 법화당운法華幢雲이시며

다음의 부처님은 법염산당왕法焰山幢王이시고

다음의 부처님은 심심법공덕월甚深法功德月이시며

다음의 부처님은 법지보광장法智普光藏이었습니다.

또 다음의 부처님은 개시보지장開示普智藏이시고
다음의 부처님은 공덕장산왕功德藏山王이시며
다음의 부처님은 보문수미현普門須彌賢이시고
다음의 부처님은 일체법정진당一切法精進幢이시며
다음의 부처님은 법보화공덕운法寶華功德雲이었습니다.

또 다음의 부처님은 적정광명계寂靜光明髻이시고
다음의 부처님은 법광명자비월法光明慈悲月이시며
다음의 부처님은 공덕염해功德焰海이시고
다음의 부처님은 지일보광명智日普光明이시며
다음의 부처님은 보현원만지普賢圓滿智이었습니다.

이와 같이 일백 부처님이 출현하셨고
다시 또 그 후의 미진수 겁 동안에
미진수 부처님이 출현하시었는데
한 분도 빼지 않고 공경하고 공양하며

존중하고 찬탄하며 법문을 듣고

즐겁게 수행하여 해탈을 얻었습니다.

대방광불화엄경 강설 제72권

三十九. 입법계품入法界品 13

그 마음 적정하여 삼매에 머물고
끝까지 청량하여 번뇌 없으며
일체 지혜의 원인 이미 닦았으면
이것이 깨달은 이의 해탈입니다.

모든 진실한 모양 잘 알고
그지없는 법계의 문에 깊이 들어가
중생을 제도하여 남김이 없으면
이것이 지혜 등불 얻은 이의 해탈입니다.

중생의 진실한 성품 통달해
일체 모든 있다는 데 집착하지 않고
그림자처럼 마음의 물에 널리 비치면
이것이 바른 길 걷는 이의 해탈입니다.

세 세상 모든 부처님의
방편과 서원의 종자로부터 나서
모든 겁 모든 세계에 부지런히 수행하면
이것이 보현의 해탈입니다.

모든 법계의 문에 두루 들어가
시방의 세계 바다 모두 다 보고
이뤄지고 무너지는 겁을 보아도
끝까지 분별하는 마음 없으며

법계의 모든 티끌 속마다
여래가 보리수 아래 앉아서
보리를 이루고 중생 교화함을 본다면
이것이 걸림 없는 눈 가진 이의 해탈입니다.

대방광불화엄경 강설 제73권

三十九. 입법계품入法界品 14

저는 견고한 뜻을 내어
위없는 깨달음을 구하려고
지금 선지식에게
저의 이러한 마음을 내었습니다.

선지식을 보기만 하면
그지없이 깨끗한 법을 모으며
여러 가지 죄를 소멸하여 없애고
보리의 열매를 이루게 됩니다.

저는 선지식을 친견하고
공덕으로 마음을 장엄하니
오는 세계의 겁이 다하도록
행할 바 도를 부지런히 닦으렵니다.

제가 생각하니 선지식께서
저를 거두어 이익하게 하며
바른 가르침의 진실한 법을
저에게 다 보여 주셨습니다.

나쁜 길은 닫아 버리고
인간과 천상의 길을 보여 주시며
또 여러 부처님이 이루신
일체 지혜의 길도 보여 주셨습니다.

제가 생각해 보니 선지식은
부처님 공덕의 창고라
잠깐잠깐마다 허공과 같은

공덕 바다를 능히 내십니다.

저에게 바라밀다를 주시고
저의 헤아릴 수 없는 복을 늘게 하며
저의 깨끗한 공덕을 자라게 하여
부처님의 비단 관을 저에게 주셨습니다.

제가 또 생각하니 선지식은
능히 부처님의 지혜를 만족하고
항상 의지할 것을 서원하여
깨끗한 법을 원만하게 합니다.

저는 이런 것을 말미암아
공덕을 모두 구족하고
널리 모든 중생을 위하여
일체 지혜의 도를 연설합니다.

거룩하신 분께서 저의 스승이 되어

저에게 위없는 법을 주시니

한량없고 수없는 겁에도

그 은혜를 다 갚을 수 없습니다.

대방광불화엄경 강설 제74권

三十九. 입법계품入法界品 15

가장 높고 때가 없이 청정한 마음
일체 부처님을 친견하기 싫은 줄 몰라
오는 세월 끝나도록 항상 공양하기 원하나니
이것은 지혜 밝은 이의 태어나는 장藏입니다.

일체 세 세상의 국토 가운데
살고 있는 중생들과 모든 부처님
제도하고 받들기를 항상 원하나니
이것은 부사의한 이의 태어나는 장입니다.

법문 듣기를 싫어하지 않고 관찰하기 좋아해
세 세상에 두루 하여 걸림 없으며
몸과 마음 청정하기 허공과 같나니
이것은 소문난 이의 태어나는 장입니다.

그 마음은 큰 자비의 바다에 항상 머물고
견고하기로는 금강과 같고 보석산 같아
일체종지―切種智의 문을 통달했으니
이것은 가장 수승한 이의 태어나는 장입니다.

크게 인자함이 모든 이를 두루 덮고
묘한 행은 모든 바라밀 바다를 항상 증장하여
법의 광명으로 모든 중생 두루 비추니
이것은 용맹한 이의 태어나는 장입니다.

법의 성품 통달하여 마음은 걸림이 없고
삼세의 모든 부처님들 가문에 태어나서
시방의 법계 바다에 널리 들어가니

이것은 밝은 지혜 있는 이의 태어나는 장입니다.

법의 몸 청정하고 마음은 걸림이 없어
시방의 모든 국토에 널리 나아가
모든 부처님의 힘 다 이루나니
이것은 헤아릴 수 없는 이의 태어나는 장입니다.

깊은 지혜에 들어가 이미 자재하였고
모든 삼매도 또한 다 완성하였으며
일체 지혜의 진실한 문 다 보았으니
이것은 참몸[眞身] 가진 이의 태어나는 장입니다.

일체 모든 국토 잘 다스리고
중생 교화하는 법을 부지런히 닦아
여래의 자재한 힘 나타내나니
이것은 큰 이름 떨친 이의 태어나는 장입니다.

오랫동안 일체 지혜 닦아 행하고

여래의 높은 지위에 빨리 들어가

법계를 밝게 알아 걸림 없나니

이것은 모든 불자들이 태어나는 장입니다.

대방광불화엄경 강설 제75권

三十九. 입법계품入法界品 16

그때에 선재동자가 장차 법당에 오르려 하니 무우덕신無憂德神과 여러 신들이 모든 천상의 것보다 더 좋은 꽃다발과 바르는 향과 가루 향과 여러 가지 장엄거리를 선재동자에게 흩으며 게송을 설하였습니다.

그대는 지금 세간에 출현하여
세상의 큰 등불이 되고
널리 모든 중생을 위하여
가장 높은 깨달음을 부지런히 구합니다.

한량없는 억천 겁에
그대를 만나 보기 어려우니
공덕의 태양이 지금 나와서
모든 세간의 어두움을 없앱니다.

그대는 모든 중생들이
전도顚倒와 미혹에 덮임을 보고
크게 가엾이 여기는 마음을 일으켜
스승 없는 도를 증득합니다.

그대는 청정한 마음으로
부처님의 보리를 구하여
선지식을 받들어 섬기며
몸과 목숨을 아끼지 않습니다.

그대는 모든 세간에
의지함도 없고 애착함도 없어서
그 마음 넓어 걸림이 없는 것이

텅 빈 허공과 같습니다.

그대는 보리의 행을 닦아
공덕이 모두 원만하고
큰 지혜의 광명을 놓아
모든 세간을 널리 비춥니다.

그대는 세간을 떠나지 않고
또한 세간에 집착하지도 않아
걸림 없이 세간을 다니기가
바람이 허공을 다니는 듯합니다.

마치 화재가 일어날 적에
무엇으로도 끌 수 없듯이
그대가 보리행을 닦음에
정진의 불이 그와 같습니다.

용맹하여 크게 정진함이

견고하여 움직일 수 없으며

금강 같은 지혜의 사자여,

어디를 다녀도 두려움 없습니다.

그때에 무우덕신이 이 게송을 설하고 나서 법을 좋아하는
연고로 선재동자를 따라다니며 항상 떠나지 않았습니다.

대방광불화엄경 강설 제76권

三十九. 입법계품入法界品 17

선남자여, 응당 마음의 성[心城]을 수호할지니
모든 나고 죽는 경계를 탐하지 않음입니다.
응당 마음의 성을 장엄할지니
일심으로 여래의 열 가지 힘을 구함입니다.
응당 마음의 성을 깨끗이 다스릴지니
간탐하고 질투하고 아첨하고 속이는 일을
끝까지 끊음입니다.
응당 마음의 성을 서늘하게 할지니
일체 모든 법의 참된 성품을 생각함입니다.
응당 마음의 성을 증장케 할지니

도를 돕는 모든 법을 마련함입니다.

응당 마음의 성을 잘 꾸밀지니

모든 선정과 해탈의 궁전을 지음입니다.

응당 마음의 성을 밝게 비출지니

일체 모든 부처님의 도량에 두루 들어가서

반야바라밀법을 들음입니다.

응당 마음의 성을 더 이익하게 할지니

모든 부처님의 방편의 도를 널리 거두어 가짐입니다.

응당 마음의 성을 견고하게 할지니

보현의 행과 원을 항상 부지런히 닦음입니다.

응당 마음의 성을 방비하여 보호할지니

나쁜 동무와 마군을 항상 방어함입니다.

응당 마음의 성을 훤칠하게 통달할지니

모든 부처님의 지혜 광명을 열고 이끌어 들임입니다.

응당 마음의 성을 잘 보충할지니

모든 부처님의 말씀하신 법을 들음입니다.

응당 마음의 성을 붙들어 도울지니

모든 부처님의 공덕 바다를 깊이 믿음입니다.

응당 마음의 성을 넓고 크게 할지니

크게 인자함이 모든 세간에 널리 미침입니다.

응당 마음의 성을 잘 덮어 보호할지니

여러 가지 착한 법을 모아 그 위에 덮음입니다.

응당 마음의 성을 넓힐지니

크게 가엾이 여김으로 모든 중생을 불쌍히 여김입니다.

응당 마음의 성문을 열어 놓을지니

가진 것을 모두 버려서

필요로 함을 따라서 알맞게 보시함입니다.

응당 마음의 성을 세밀하게 보호할지니

모든 나쁜 욕망을 막아서 들어오지 못하게 함입니다.

응당 마음의 성을 엄숙하게 할지니

모든 나쁜 법을 쫓아 버리어 머무르지 못하게 함입니다.

응당 마음의 성을 결정케 할지니

일체 지혜와 도를 돕는 여러 가지 법을 모으고

항상 물러나지 아니함입니다.

응당 마음의 성을 편안하게 세울지니

세 세상 일체 여래의 가지신 경계를 바르게 생각함입니다.

응당 마음의 성을 사무치어 맑게 할지니

모든 부처님의 바른 법륜인 경에 있는 법문과

갖가지 연기緣起를 밝게 통달함입니다.

응당 마음의 성을 여러 부분으로 분별할지니

모든 중생에게 널리 밝게 알려서

모두 살바야의 길을 열어 보게 함입니다.

응당 마음의 성에 머물러 유지할지니

모든 세 세상 여래의 큰 서원 바다를 냄입니다.

응당 마음의 성을 풍부하게 할지니

법계에 가득한 큰 복덕 더미를 모음입니다.

응당 마음의 성을 밝게 할지니

중생의 근성과 욕망 등의 법을 널리 앎입니다.

응당 마음의 성을 자유자재하게 할지니

모든 시방 법계를 두루 거둠입니다.

응당 마음의 성을 청정하게 할지니

일체 모든 부처님 여래를 바르게 생각함입니다.

응당 마음의 성의 자체 성품을 알지니

모든 법이 다 제 성품이 없는 줄을 앎입니다.

응당 마음의 성이 환술과 같음을 알지니

일체 지혜로 모든 법과 성품을 앎입니다.

대방광불화엄경 강설 제77권

三十九. 입법계품入法界品 18

선남자여, 선지식은 모든 착한 뿌리를 자라게 하나니

마치 설산에서 모든 약풀이 자라는 것과 같습니다.

선지식은 부처님 법의 그릇이니

마치 바다가 여러 강물을 받아들이는 것과 같습니다.

선지식은 공덕이 나는 곳이니

마치 바다에서 여러 가지 보배가 나는 것과 같습니다.

선지식은 보리심을 깨끗이 하나니

마치 맹렬한 불이 진금을 단련하는 것과 같습니다.

선지식은 세간의 법에서 뛰어나나니

마치 수미산이 큰 바다에서 솟아나는 것과 같습니다.

선지식은 세상의 법에 물들지 않나니

마치 연꽃에 물이 묻지 않는 것과 같습니다.

선지식은 모든 나쁜 것을 받지 않나니

마치 큰 바다가 송장을 머물러 두지 않는 것과 같습니다.

선지식은 청정한 법을 증장하게 하나니

마치 보름달의 광명이 원만한 것과 같습니다.

선지식은 법계를 밝게 비추나니

마치 밝은 해가 사천하를 비추는 것과 같습니다.

선지식은 보살의 몸을 자라게 하나니

마치 부모가 아이들을 기르는 것과 같습니다.

대방광불화엄경 강설 제78권

三十九. 입법계품入法界品 19

보리심菩提心은 문과 같으니

모든 보살의 행을 열어 보이는 연고입니다.

보리심은 궁전과 같으니

삼매의 법에 편안히 있어 닦게 하는 연고입니다.

보리심은 공원과 같으니

그 안에서 유희하면서 법의 즐거움을 받는 연고입니다.

보리심은 집과 같으니

일체 모든 중생을 편안하게 하는 연고입니다.

보리심은 돌아갈 데가 되나니

일체 모든 세간을 이익하게 하는 연고입니다.

보리심은 의지할 데가 되나니

모든 보살의 행이 의지한 곳인 연고입니다.

보리심은 자비하신 아버지와 같으니

일체 모든 보살을 훈계하여 지도하는 연고입니다.

보리심은 인자한 어머니와 같으니

일체 모든 보살을 낳아 기르는 연고입니다.

보리심은 유모와 같으니

일체 모든 보살을 양육하는 연고입니다.

보리심은 착한 벗과 같으니

일체 모든 보살을 성취하여 이익하게 하는 연고입니다.

보리심은 국왕과 같으니

일체 이승二乘 사람들보다 뛰어나는 연고입니다.

보리심은 제왕과 같으니

모든 원願에서 자유자재한 연고입니다.

보리심은 큰 바다와 같으니

모든 공덕이 다 그 가운데 들어가는 연고입니다.

보리심은 수미산과 같으니

모든 중생들에게 마음이 평등한 연고입니다.

보리심은 철위산과 같으니

일체 모든 세간을 거두어 가진 연고입니다.

보리심은 설산과 같으니

모든 지혜의 약풀을 자라게 하는 연고입니다.

보리심은 향산香山과 같으니

모든 공덕의 향을 내는 연고입니다.

보리심은 허공과 같으니

묘한 공덕이 넓어서 그지없는 연고입니다.

보리심은 연꽃과 같으니

모든 세간의 법에 물들지 않는 연고입니다.

대방광불화엄경 강설 제79권

三十九. 입법계품入法界品 20

누각의 낱낱 보배에서는 미륵보살이 지난 옛적에 보살의 도를 수행하던 때의 일을 다 나타내는 것을 보았습니다. 이른바 혹 머리와 눈을 보시하고, 혹은 손과 발과 입술과 혀와 어금니와 치아와 귀와 코와 피와 살과 가죽과 뼈와 골수를 보시하고, 내지 손톱과 머리카락 등 이와 같은 일체를 다 보시하고, 아내와 첩과 아들과 딸과 도성과 마을과 국토와 임금의 지위를 달라는 대로 다 베풀어 주기도 하였습니다.

옥에 갇힌 이는 나오게 하고, 결박된 이는 풀리게 하고, 병난 이는 치료하여 주고, 길을 잘못 든 이에게는 바른 길을 가르쳐 주었습니다.

혹은 뱃사공이 되어 큰 바다를 건네주고, 혹은 말이 되어 어려운 일을 구호하여 주고, 혹은 큰 신선이 되어 경론을 잘 설하고, 혹은 전륜왕이 되어 열 가지 착한 일 닦기를 권하였습니다.

혹은 의사가 되어 온갖 병을 잘 치료하고, 혹은 부모에게 효도하고, 혹은 선지식을 친근하고, 혹은 성문도 되고, 혹은 연각도 되고, 혹은 보살도 되고, 혹은 여래도 되어 모든 중생을 교화하고 조복하였습니다.

혹은 법사가 되어 부처님 교법을 받들어 행하고, 받아 가지고, 읽고 외고, 이치를 생각하며, 부처님 탑을 세우고, 부처님 형상을 조성하여 스스로도 공양하고, 다른 이를 시켜서 향을 바르고 꽃을 흩고 공경하고 예배하게 하는 이와 같은 등의 일들이 계속하여 끊어지지 아니하였습니다.

대방광불화엄경 강설 제80권

三十九. 입법계품入法界品 21

찰 진 심 념 가 수 지
刹塵心念可數知

대 해 중 수 가 음 진
大海中水可飲盡

허 공 가 량 풍 가 계
虛空可量風可繫

무 능 진 설 불 공 덕
無能盡說佛功德

세계의 먼지 수 같은 마음 다 헤아려 알고

큰 바닷물까지 남김없이 다 마시고

허공을 다 헤아려 알고 바람을 얽어맬 수 있어도

부처님의 공덕은 다 설명할 수 없도다.

80권 화엄경의 마지막 게송입니다. 불가설 불가설 불찰미
진수와 같이 많고 많은 보살들 중에 가장 위대하시고 또한
부처님의 장자長子이신 보현보살이 부처님의 공덕을 이와 같
이 말씀하였습니다.

2천6백여 년 전에 인도에서 출현하신 석가모니 부처님으로
부터 마음과 부처와 중생이 모두 차별 없이 동등한 부처님이
라는 부처님과, 나도 그대도 선한 이도 악한 이도 모두 부처
님이라는 부처님과, 산천초목 산하대지 두두물물頭頭物物이
모두 부처님이라는 부처님에 이르기까지, 그 어떤 부처님의
공덕도 똑같이 이와 같아서 다 가히 설명할 수가 없습니다.

약 유 문 사 공 덕 해
若有聞斯功德海

이 생 환 희 신 해 심
而生歡喜信解心

여 소 칭 양 실 당 획
如所稱揚悉當獲

신 물 어 차 회 의 념
愼勿於此懷疑念

만약 이러한 공덕 바다를 누가 듣고서
환희하며 믿는 마음 내는 이들은
위에서 말한 공덕을 모두 얻게 되리니
진실로 여기에서 의심 내지 말지라.

우리는 모두가 본래로 부처님이니, 이 엄연한 사실을 굳게
믿고 이해하고 그 공덕도 또한 본래 가지고 있음을 굳게 믿
고 이해하고 깊이 깨달아서 부처님으로 사십시다.

別行本

제40 보현행원품

대방광불화엄경 강설 제81권

四十. 보현행원품普賢行願品

일체 여래에게 모두 장자長子가 있으니
그 이름 누구신가 보현보살님이라
내가 이제 모든 선근 회향하옵고
지혜와 실천이 그와 같아지기를 원하옵니다.

몸과 말과 마음까지 늘 청정하고
모든 행行과 세계들도 그러함이니
이런 지혜 이름하여 보현이시니
저 보살과 같아지기 원하옵니다.

나는 이제 보현보살 거룩한 행과
문수보살 크신 서원 훌륭히 닦아
그분들이 하는 일을 다 원만히 하여
오는 세상 끝나도록 싫증 안 내리.

내가 닦는 보현행은 한량없으니
그지없는 모든 공덕 이루어 가고
끝이 없는 온갖 행에 머무르면서
일체의 신통력을 깨달으리라.

문수보살 용맹하고 크신 지혜와
보현보살 지혜의 행 사무치고자
내가 이제 모든 선근 회향하여서
그분들을 항상 따라 배우오리다.

삼세의 부처님들 칭찬하신 일
이와 같이 훌륭하고 크신 서원들
내가 이제 그 선근을 회향하여서
보현보살 거룩한 행 얻으렵니다.

華嚴經 構成表

分次	周次		内容	品數	會次
舉果勸樂生信分 (信)	所信因果周		如來依正	世主妙嚴品 第一 如來現相品 第二 普賢三昧品 第三 世界成就品 第四 華藏世界品 第五 毘盧遮那品 第六	初會
修因契果生解分 (解)	差別因果周	差別因	十信	如來名號品 第七 四聖諦品 第八 光明覺品 第九 菩薩問明品 第十 淨行品 第十一 賢首品 第十二	二會
			十住	昇須彌山頂品 第十三 須彌頂上偈讚品 第十四 十住品 第十五 梵行品 第十六 初發心功德品 第十七 明法品 第十八	三會
			十行	昇夜摩天宮品 第十九 夜摩天宮偈讚品 第二十 十行品 第二十一 十無盡藏品 第二十二	四會
			十廻向	昇兜率天宮品 第二十三 兜率宮中偈讚品 第二十四 十廻向品 第二十五	五會
			十地	十地品 第二十六	六會
			等覺	十定品 第二十七 十通品 第二十八 十忍品 第二十九 阿僧祇品 第三十 如來壽量品 第三十一 菩薩住處品 第三十二	七會
		差別果	妙覺	佛不思議法品 第三十三 如來十身相海品 第三十四 如來隨好光明功德品 第三十五	
	平等因果周	平等因		普賢行品 第三十六	
		平等果		如來出現品 第三十七	
托法進修成行分 (行)	成行因果周		二千行門	離世間品 第三十八	八會
依人證入成德分 (證)	證入因果周		證果法門	入法界品 第三十九	九會

（資料：文殊經典研究會）

會場	放光別	會主	入定別	說法別舉
菩提場	遮那放齒光眉間光	普賢菩薩為會主	入毘盧藏身三昧	如來依正法
普光明殿	世尊放兩足輪光	文殊菩薩為會主	此會不入定・信未入位故	十信法
忉利天宮	世尊放兩足指光	法慧菩薩為會主	入無量方便三昧	十住法門
夜摩天宮	如來放兩足趺光	功德林菩薩為會主	入菩薩善思惟三昧	十行法門
兜率天宮	如來放兩膝輪光	金剛幢菩薩為會主	入菩薩智光三昧	十迴向法門
他化天宮	如來放眉間毫相光	金剛藏菩薩為會主	入菩薩大智慧光明三昧	十地法門
再會普光明殿	如來放眉間口光	如來為會主	入刹那際三昧	等妙覺法門
三會普光明殿	此會佛不放光・表行依解法依解光故	普賢菩薩為會主	入佛華莊嚴三昧	二千行門
祇陀園林	放眉間白毫光	如來善友為會主	入獅子頻申三昧	果法門

대방광불화엄경 실마리

무비 스님의 서문으로 보는 화엄경

초판 1쇄 발행 2019년 8월 3일
초판 2쇄 발행 2019년 10월 6일

지은이 여천 무비(如天 無比)
펴낸이 오세룡
편집 박성화 손미숙 김정은 이연희 김영미
기획 최은영 곽은영
디자인 고혜정 김효선 장혜정
홍보·마케팅 이주하

펴낸곳 담앤북스
　　　　　서울특별시 종로구 새문안로3길 23 경희궁의 아침 4단지 805호
　　　　　대표전화 02)765-1251 전송 02)764-1251
　　　　　전자우편 damnbooks@hanmail.net
　　　　　출판등록 제300-2011-115호
ISBN 979-11-6201-188-1 (03220)

정가 12,000원